Marie Kondo

El método kurashi

Cómo organizar tu espacio para crear tu estilo de vida ideal

Marie Kondo El método kurashi

Marie Kondo

Fotografías de Nastassia Brückin y Tess Comrie

Traducción de Rosa Pérez Pérez

AGUILAR

ÍNDICE

PRÓLOGO

¿Qué es lo que más te importa?

Ordenar no es solo poner tu casa en orden. Tiene el poder de cambiarte la vida.

¿Qué crees que cambia más cuando ordenas?

Para algunas personas, ordenar mejora su rendimiento en el trabajo o sus relaciones, mientras que a otras las lleva a casarse o a descubrir una nueva afición.

Pero de todos los efectos que tiene ordenar, creo que el más asombroso es aprender a gustarte.

Al quedarte con lo que te genera alegría y soltar todo lo demás, desarrollas tu capacidad de elegir, tomar decisiones y pasar a la acción, y eso, a su vez, potencia la confianza en ti.

Cuando te preguntas repetidamente qué te genera alegría y qué no, empiezas a ver qué es lo que más te importa.

Gustarte te permite atender a tus emociones y te invita a disfrutar de cada día al máximo.

Este libro es para quienes estáis aprendiendo a generar alegría mediante la magia del orden.

UNO

El diálogo con uno mismo

Si pudieras hacer realidad tus sueños, ¿cuál sería tu estilo de vida ideal?

Buscar la respuesta a esta pregunta ayuda a sentar las bases de una vida que genera alegría.

Por eso, lo primero que pregunto a mis clientes es cuáles son sus sueños y esperanzas. Los ojos les brillan mientras describen una casa lujosa con bonitos muebles de madera natural o una espaciosa cocina donde puedan hornear pasteles. Pero la realidad no tarda en imponerse y la luz se desvanece en su mirada. «Vivo en un piso minúsculo —dicen—. ¿Cómo voy a convertir en un palacio una habitación que no llega a los ocho metros cuadrados? Supongo que tendría que ser más realista».

A simple vista, parece una conclusión de lo más lógica y, si te soy sincera, durante mucho tiempo no supe cómo responder. ¿Cómo podía pedir a mis clientes que renunciaran a sus sueños? ¿Cómo decirle a una persona a quien le encanta Renoir que decorara su estudio con algo «más apropiado», como xilografías japonesas, y se centrara en tenerlo limpio? Eso jamás los motivaría a ordenar. La mera idea apagaría cualquier pequeña chispa de alegría.

Cuando visualizamos nuestro estilo de vida ideal, ¿deberíamos dar rienda suelta a nuestra imaginación o atenernos a lo posible? Es una pregunta difícil sobre la que tuve que reflexionar durante un tiempo.

En japonés, el término para «estilo de vida» es *kurashi*. Al pensar en esa palabra, me di cuenta de que no conocía su significado exacto. Cuando la busqué en el diccionario *Daijisen* de términos japoneses, descubrí un dato curioso.

Según esa fuente, es «acto de vivir; pasar cada día; vida cotidiana; ganarse la vida». El verbo *kurasu* se traduce como «pasar el tiempo hasta el ocaso; pasar el día». En otras palabras, el *kurashi* ideal es la mejor manera de ocupar el tiempo y, por tanto, no es lo mismo que «hogar ideal».

Ese descubrimiento me recordó a mi época universitaria, en la que vivía en Tokio con mis padres. Aunque contaba con mi propio cuartito —todo un lujo en las ciudades japonesas—, tenía muchos ideales y aspiraciones. Soñaba con una habitación más grande, una cocina más coqueta, un jardincito en el balcón, cortinas más bonitas en las ventanas, etcétera. Pero la cocina era territorio de mi madre, así que no podía cambiarla sin su permiso, y mi cuarto ni siquiera tenía ventana, aún menos balcón.

Sin embargo, esa brecha entre mis sueños y la realidad no me molestaba. Solía presumir de lo mucho que me gustaba mi cuarto. La razón era que se trataba de mi espacio, un lugar en el que podía disfrutar de mi estilo de vida ideal, relajarme con aromaterapia antes de acostarme, escuchar mi música clásica favorita o colocar un jarroncito con una flor en la mesilla de noche.

En otras palabras, el estilo de vida ideal se refiere a lo que hacemos, no al lugar donde vivimos.

Cuando mis clientes terminan de ordenar su casa, muy pocos se plantean mudarse o reformarla. A menudo, el mayor cambio que

describen se refiere a cómo pasan el tiempo en casa. Gracias a estas pequeñas modificaciones, el espacio en el que viven acaba encantándoles, coincida o no con su ideal.

Aunque no tengas la posibilidad de mudarte, recuerda que puedes cambiar tu estilo de vida. Solo tienes que vivir como si tu espacio fuera tu hogar soñado. De hecho, ordenar sirve para eso. Por tanto, cuando imagines tu estilo de vida ideal, piensa en qué te gustaría hacer y cómo querrías pasar el tiempo en casa.

Aunque parezca extraño, después de ordenar y hacer realidad su estilo de vida ideal, muchos de mis clientes acaban con la casa —e incluso los muebles— de sus sueños. Son incontables las veces que les he oído comentarios como: «Dos años después de ordenar, nos mudamos a una casa idéntica a la que imaginaba». O «Alguien me regaló los muebles que siempre había querido». Este es uno de los muchos efectos extraños y maravillosos de ordenar que he presenciado gracias a mi trabajo.

Lo creas o no, depende de ti. Pero si vas a imaginar tu estilo de vida ideal, ¿por qué no hacerlo a lo grande?

¿Has renunciado a tu hogar ideal?

Aunque cambiar la forma de ocupar el tiempo puede acercarnos a nuestro estilo de vida ideal, no implica que debamos renunciar a la visión del hogar soñado y sustituirla por otra más «realista». Eso invalidaría el concepto de «generar alegría ordenando». Así pues, ¿cómo puedes conseguir el hogar de tus sueños? ¿Es posible, por ejemplo, reformar al estilo rococó un típico piso japonés de un solo ambiente con el suelo de tatami? Antes creía que era impensable, pero incluso eso puede hacerse.

Fashion Encyclopedia of Akihiro Miwa (publicada por Shueisha, Inc.) es uno de mis libros favoritos. Miwa, célebre en Japón, describe el estudio en el que vivió de joven. Aunque solo tenía unos nueve metros cuadrados, la decoración era espléndida. Miwa cubrió los tatamis de paja con cartón revestido de felpa, forró las puertas correderas de los armarios con tela de cuadros y las decoró con fotografías de actrices famosas. Adornó las ventanas con cortinas rosas cosidas a mano y transformó el aparador, el tocadiscos y otros objetos con pintura y cintas. En las fotografías, el espacio parece una estancia de una lujosa mansión europea más que una habitación de estilo japonés tradicional.

«No necesitas mudarte ni gastar mucho para tener un hogar chic y con encanto. Solo has de redecorarlo con un poco de inteligencia creativa y espíritu innovador». Estas palabras del libro de Miwa siguen motivándome e inspirándome.

La primera vez que leí el libro estaba en la universidad. Habían invitado a Miwa como ponente a nuestro festival universitario y yo, que formaba parte del club del periódico, tuve la oportunidad de entrevistarlo.

Jamás había conocido a nadie como él. Antes de que nos reuniéramos, roció la sala de juntas con perfume de rosas, y se expresó con suma elocuencia y educación. Su presencia me impresionó mucho, fue una experiencia que jamás olvidaré. «Así que a esto se refieren cuando dicen que alguien es auténtico», pensé.

Aunque aún no había acabado mis estudios, ya trabajaba como consultora, y había observado que el ambiente de cada hogar parecía encajar con la persona que lo habitaba. Tenía curiosidad por saber en qué lugares había vivido Miwa y así descubrí su libro.

Desde entonces he observado el estilo de vida de muchas personas, pero el factor que más admiro de su hogar no es, ni de lejos, la amplitud. Tampoco el lujo de los muebles. Más bien es su anhelo de vivir en una determinada clase de espacio. Ese anhelo se demuestra cuando no escatiman esfuerzos para crear su sueño, y buscan y eligen solo lo que las apasiona, hasta el más insignificante elemento de almacenaje. Está presente en su pasión por transformar objetos que ya existen y en el respeto y cuidado con los que tratan su hogar y sus pertenencias.

La palabra «anhelo» quizá parezca excesiva, pero negarse a claudicar cuando se trata de hacer realidad su sueño provoca que estas personas se apasionen con su hogar y les despierta un profundo afecto por él.

Por eso te animo a que no renuncies a la casa de tus sueños. No te frenes cuando imagines tu hogar y estilo de vida ideales.

Navega por internet y hojea libros y artículos de revistas de decoración para reunir fotografías de casas espléndidas o incluso bonitas habitaciones de hotel de todo el mundo. Dedica un tiempo a mirarlas mientras imaginas la clase de lugar para vivir que te generaría alegría. Y no te desanimes comparando la casa de tus sueños con tu situación actual.

Cuando era más joven, miraba con tristeza las fotografías de los hogares de personas glamurosas y envidiaba su vida, convencida de que jamás podría tener una casa así. Pensar de esa manera me ponía tan tensa que me impedía sentir la alegría que aquellas imágenes me inspiraban. De hecho, mirar imágenes de casas bonitas es una manera estupenda de averiguar qué lugar te hace feliz y desarrollar tu sensibilidad hacia la alegría. Es importante pensar en positivo, así que deja de menospreciarte o de compararte con los demás. Busca pistas en tus reacciones instintivas a lo que ves, sea el color de una pared o una idea de decoración que te gustaría probar.

Siéntete libre para imaginar la casa de tus sueños y deja que tu corazón rebose alegría.

No te preocupes. Con un poco de esfuerzo e inventiva puedes transformar el espacio en el que vives.

¿Qué quieres ordenar?

Dime, ¿por qué te has decidido a ordenar?

Cuando les hacen esta pregunta, muchas personas se centran en su deseo de poner orden en el espacio que tienen delante. «Quiero organizar mi casa» o «Quiero tardar menos en encontrar lo que busco», responden.

Estas respuestas no tienen nada de malo. Al fin y al cabo, ordenar tu casa es una tarea física.

Pero si quieres aprovechar el poder transformador de la magia del orden, hay una serie de puntos que debes tener en cuenta antes de empezar.

Siempre inicio las clases de organización con estas preguntas:

¿Se te daba bien ordenar en tu infancia?

¿A qué te dedicas?

¿Por qué elegiste tu trabajo?

¿Cómo pasas tus días libres?

¿Desde cuándo participas en esa clase de actividades?

¿Qué es lo que más te gusta hacer?

Puedo dedicar hasta una hora a hablar de estos temas con un cliente, aunque parezca que algunos de ellos no vengan al caso. No solo se lo pregunto por curiosidad. Estas cuestiones son clave para agilizar el proceso de organización.

Mientras un cliente organiza una categoría determinada, como la ropa o los libros, a menudo llega a un punto en el que baja el ritmo y se estanca. Algunos se sienten incapaces de desprenderse de una sola prenda de ropa, mientras que otros se ven impulsados a quedarse con más detergente del que necesitan. Como si fuera una contractura, estos puntos representan bloqueos en el proceso de organización.

Un bloqueo en un área concreta del proceso de organización siempre se corresponde con otro en un aspecto de la vida de la persona, como sus relaciones o el trabajo. En unas, la raíz del problema puede ser que su trabajo les aburra. En otras, quizá se deba a que son incapaces de perdonar a su madre por algo que ocurrió en el pasado o que necesiten hablar con su cónyuge o pareja, pero les falta valor para sacar el tema.

Las primeras preguntas pretenden aflojar estos nudos de la vida de mis clientes, que a veces no saben ni que existen. No es momento de ofrecerles consejo o soluciones. Pregunto y dejo que respondan.

Reflexionar sobre aspectos de la vida que aún no hemos ordenado aunque solo sea un poco, acelera el proceso de organización de manera espectacular. Nos ayuda a ver por qué nos resistimos a desprendernos de determinados objetos y a reconocer a qué nos aferramos. En consecuencia, ordenar es un proceso más profundo.

Nuestras actitudes respecto a nuestras pertenencias, relaciones, trabajo y estilo de vida están interrelacionadas. Por eso es más efectivo abordar los bloqueos desde ambas perspectivas: nuestras pertenencias y nuestro yo interior.

Ordenar significa ocuparte de todas las «cosas» de tu vida. ¿Qué quieres poner en orden? Tómate un momento para reflexionar sobre ello.

El método KonMari

Si has leído alguno de mis libros, ya conoces mi método KonMari para ordenar: ¡quizá incluso lo hayas probado! La base del método KonMari es ordenarlo todo de un tirón, avanzando por categorías en este orden:

ropa

libros

documentos

komono (artículos varios)

objetos con valor sentimental

Empieza juntando todos los objetos de una categoría en el mismo sitio. A continuación, tócalos uno a uno para ver si te dan alegría. Si un objeto te alegra, guárdalo. De lo contrario, despréndete de él. Este proceso tiene el poder de cambiar tu forma de pensar a un nivel tan profundo que ya no volverás a caer en el desorden. Por eso lo llamo «festival de organización». Es un acontecimiento importante que te cambiará la vida, y eso hay que celebrarlo. También es una oportunidad para dar las gracias y honrar a los objetos que una vez te alegraron, pero ya han cumplido su función.

¿Y cómo sabes qué te genera alegría y qué no? No basta con mirar el objeto: tienes que cogerlo y sostenerlo en las manos. Cuando toques algo que te da alegría, lo sabrás casi por instinto.

Quizá notes un cosquilleo de emoción, una felicidad pletórica o te sientas aliviada. Estás ordenando porque quieres una vida feliz y plena, así que es natural preguntarte si aquello con lo que vas a quedarte te genera alegría. Pensar en qué deseas conservar en tu vida es lo mismo que decidir cómo quieres vivirla.

A medida que avances en tu proceso de organización, te darás cuenta de qué necesitas conservar y qué debes soltar, qué quieres seguir haciendo y qué no. Hace falta mucho valor para tomar estas decisiones, pero ten fe en ti. Cuando hayas aprendido a elegir solo lo que te gusta, alcanzarás una vida que te genere alegría. Digan lo que digan los demás, conserva lo que has elegido. Cuando valoramos aquello con lo que decidimos quedarnos, vivimos rodeados de tesoros. Cuidar bien de lo que te gusta significa que te escuchas y te cuidas.

¿Te estresa ordenar?

«Hoy no he ordenado nada».

«A este paso, no acabaré nunca».

«Tengo que desprenderme de más cosas».

«Tengo que ordenar sí o sí».

¿Crees que ordenar te supera?

¿Te obsesiona deshacerte de objetos o te da pánico pensar en que tu casa nunca estará organizada? A juzgar por los mensajes que recibo, muchas personas se sienten así. Y es una lástima.

Ordenar debería ofrecernos libertad para disfrutar de cada día, pero si olvidamos por qué lo hacemos, si perdemos de vista el estilo de vida que queremos o en qué punto del proceso de organización nos encontramos, empezamos a perder esa sensación de alegría.

Si te ha ocurrido, no te alarmes.

Cuando no se trata de ordenar, a menudo me siento así. Aunque adoro mi trabajo, a veces tengo la agenda tan apretada que me siento agotada o me puede la ansiedad, pese a que mis relaciones me llenan. En ocasiones me disgusto por cuestiones que jamás me alterarían. Cuando nació nuestro primer hijo, intenté ser una madre capaz de compaginar su crianza, las tareas del hogar y el trabajo. Pero terminé agotada. Como profesional de la organización, a veces me presiono al dar por sentado que mi casa siempre tiene que estar ordenada.

Sin embargo, en momentos como esos, he aprendido a hacer una pausa y recordarme que debo alejarme de la perfección.

Si ves que te has quedado sin tiempo o espacio para atender a tus emociones, te recomiendo que reduzcas tu nivel de exigencia. El truco consiste en decidir qué es fundamental para ti cada día. En mi caso, que mis hijos estén sanos y felices y que yo no acabe rendida. Si hay juguetes por toda la casa, pero estoy demasiado cansada para ocuparme de ellos en ese momento, me recuerdo que no pasa nada por irme a la cama sin recogerlos. Por el contrario, si el desorden dura tanto que empieza a agobiarme, me reorganizo la agenda y reservo un día para colocarlo todo en su lugar.

Cuando me siento tan superada que estoy a punto de perder los nervios, me tomo tiempo para poner por escrito todo lo que me agobia.

Mi marido y yo hablamos a diario de nuestro horario de trabajo y tareas, y anotamos lo que tenemos que hacer ese día y al siguiente con detalle, incluso tareas tan simples como poner la lavadora o meter la ropa en la secadora. Esa lista hace que no olvide lo que tengo que hacer, y tachar las tareas al acabarlas me produce mucha satisfacción. Si al final del día quedan algunas por tachar, no pasa nada. Tener una idea de lo que me queda por hacer es más agradable que la molesta sensación de que se me olvida algo o la frustración que siento cada vez que paso por delante de una habitación y la veo desordenada.

Anotarlo todo no solo me ayuda a organizar la agenda, sino a identificar cómo me siento. Adquirí esa costumbre hace años. Cuando me costaba mantener la calma, parecía incapaz de perdonar a alguien o las ideas no paraban de bombardearme y exigían mi atención, me sentaba a mi fiel

escritorio —que tengo desde la época universitaria—, miraba la pantalla del ordenador y vertía mis pensamientos en un torrente de palabras, segura de que nadie las leería, aparte de mí.

Si te cuesta reconocer tus ideales, si te has bloqueado o si las palabras se te mezclan en la mente, prueba a usar lápiz y papel en vez del ordenador. También puedes buscar un lugar distinto, como una cafetería tranquila o un banco del parque, donde puedas escribir sin que te interrumpan.

En mi caso escribo en un cuaderno, en una agenda o en hojas sueltas, según el propósito. Para anotar pensamientos que no me generan alegría, creo que la mejor clase de papel es el dorso de un folleto u otro material impreso destinado al cubo de reciclaje. Así no me siento obligada a escribir con buena la letra, a diferencia de cuando lo hago en un cuaderno. Aunque no me molesto en dejar a mano esos papeles, no me cuesta encontrarlos si los necesito.

Al margen del método que elijas, las palabras que vuelcas en el papel te ayudarán a descubrir sentimientos de los que no eras consciente y la razón de que los tengas. A veces pueden sacarte los colores y otras hacer que te sientas muy feliz. Se parece a cuando lo juntas todo en un sitio durante un festival de organización, ¿no?

Así pues, si ordenar empieza a estresarte, tómate una pausa. Prepárate una taza de té y contempla tu estilo de vida y todo lo que te rodea. Recuerda que el propósito de ordenar no es tener menos cosas ni organizar el espacio. El principal objetivo es sentir alegría todos los días y llevar una vida feliz.

¿Te has establecido un plazo para ordenar?

Ordena rápido, de tirón.

Esta es la clave del método KonMari, pero la gente a menudo me pregunta: «¿Cuánto tiempo es "rápido"?».

La respuesta depende de cada uno.

Hay personas que terminan en menos de una semana, mientras que otras necesitan tres meses o incluso medio año. Lo importante es decidir cuándo queremos terminar. Sin una fecha tope clara, es humano ir posponiéndolo todo de forma indefinida.

Aunque me da vergüenza reconocerlo, suele ocurrirme cuando tengo un libro entre manos. Pongamos como ejemplo el primero que escribí. El proyecto empezó con una reunión en el despacho del editor. Le hablé sobre el orden durante un par de horas, durante las cuales le expliqué la manera correcta de proceder y lo mucho que podía mejorar la vida de la gente. Pareció convencido, así que me sugirió que empezara escribiendo lo que se me ocurriera, sin fijarme un plazo de entrega.

Cuando llegué a casa, el apasionado torrente de ideas parecía haberse secado. Ordenar es mi vida. Sentarme a escribir delante de un ordenador era un suplicio. Me buscaba una excusa tras otra para no hacerlo.

Dos semanas después envié un correo a mi editor disculpándome por no haber sido capaz de escribir una sola palabra. Jamás me había sentido tan frustrada.

Después de aquello, le pedí al editor que me marcase plazos cortos, o me los ponía yo y se lo comunicaba. Para serte sincera, todavía tiendo a dejar la tarea de escribir para el último momento, pero ya no la pospongo de forma indefinida.

A diferencia de mí, ordenar no es tu profesión, por eso, si aún no lo has hecho, debes marcarte un plazo.

Si te cuesta mantener la motivación, prueba a decírselo a tus amigos o familiares. Incluso podrías publicar una declaración en las redes sociales, para comunicar tu intención de terminar de ordenar antes de fin de año. Quizá no sea tan vinculante como un plazo de trabajo, pero saber que la gente se preguntará cómo te va te motivará a empezar y te ayudará a llegar hasta el final.

Una de mis clientas acabó de ordenar con una rapidez asombrosa porque su fecha tope era el día que terminaba su baja por maternidad. Sus manos se movían tan rápido que se desdibujaban mientras murmuraba «Esto me alegra» y «Gracias». Cuando le quedaban unos días y el tiempo seguía corriendo, insistió en que fuéramos a comer a un restaurante indio que estaba a quince minutos a pie. «Cuando se me acabe la baja por maternidad, ya no podré comer aquí», dijo. Me preocupaba que la comida le hiciera perder un tiempo precioso, pero consiguió terminar de ordenar.

Fijarnos un plazo en firme nos ayuda a centrarnos y nos hace ser más productivos. Es la naturaleza humana.

Así pues, ¿cuándo quieres acabar tu festival de organización? Abre la agenda y escribe «Último día para ordenar» en ese día. Sí, me refiero a que lo hagas ahora.

¿Cuándo empezarás a ordenar?

¿Cuándo empezarás? ¿Cuándo acabarás?

Aunque estas preguntas se parecen, son muy distintas. Las respuestas de mis clientes lo demuestran. La cara se les ilumina al decirme cuándo han decidido terminar. «Antes de Año Nuevo. ¡Mi meta es convertirme en una nueva yo y casarme el año que viene!». «¡Antes de mi cumpleaños! Y cuando termine lo celebraré. Me compraré un ramo de flores y un juego de té especial y me relajaré tomándome una taza». Anotan con audacia en sus agendas: «¡Último día para ordenar!». Los ojos les brillan al describir la vida que llevarán cuando acaben.

Pero si les pregunto: «¿Cuándo empezarás?», sus respuestas son más o menos estas:

«Eh... bueno, tengo ocupados todos los fines de semana de este mes. Pensaba viajar durante las vacaciones de verano...».

«A ver..., tengo libre este día, pero iré de copas la noche antes, así que no creo que me sienta con fuerzas. Hum. Y puede que al día siguiente vuelva a salir».

Me lanzan miradas de disculpa mientras sus ojos van y vienen entre la agenda y yo.

El motivo está claro: pensar en terminar implica soñar con el futuro, mientras que pensar en comenzar es algo real. Es lógico que decidir cuándo empezar cueste mucho más.

A veces mis clientes señalan las fechas de mis clases en su calendario de pared. No está mal cuando escriben frases como: «¡Clase de organización! ¡Tú puedes!». Pero es desconcertante ver un gran triángulo con un signo de exclamación dentro o incluso una calavera pirata. Hace que me sienta más un peligro que una experta en organización. Cuando les pregunto por qué han dibujado eso, responden que no están seguros de lo que les espera o que saben que será «una lucha a brazo partido». A veces, sus expresiones son tan fogosas que casi se me caen al suelo las bolsas de basura.

Para la mayoría, empezar exige compromiso y esfuerzo.

Por supuesto, hay quienes empiezan en cuanto sienten la necesidad de ordenar, y sin dudarlo se ponen a comprobar qué prendas de ropa les

SUNDAY
MONDAY
TUESDAY
WEDNESDAY
THURSDAY
FRIDAY
SATURDAY
Tidy!

hacen sentirse bien. Pero son casos contados. La mayoría tienen que estudiarse el calendario en busca de posibles fechas. Reorganizan la agenda, se toman días de vacaciones o anulan citas para sacar tiempo. A menudo se quedan ordenando hasta las dos de la madrugada o incluso toda la noche antes de una clase. Cuando veo su cara pálida y soñolienta al día siguiente, tengo que contenerme para no decir: «¡Pero si has tenido un mes desde la última clase! ¿Por qué no empezaste antes?». En mi caso, me paso la noche en vela cuando tengo que entregar un manuscrito. ¡Supongo que dejar algo para el último momento no es tan raro!

Por eso, si aún no has dado el paso, te animo a que lo hagas. Aparta un momento tus excusas sobre no dar abasto y vuelve a mirar tu agenda. Te lo prometo: ordenar siempre tiene un final. Y no eres la excepción. Mucha gente en todo el mundo está ordenando, igual que tú.

Así que, ¿cuándo vas a empezar?

Pregunta a Marie

Mi pareja es un desastre y no puedo mantener la casa ordenada. ¡Socorro!

Si convives con alguien, ya sea tu pareja o tus hijos, el truco para mantener la casa ordenada es asegurarte de que todo se guarda en un sitio fácil de identificar. Lo más importante es que quede claro dónde va cada cosa. Si no lo saben o el lugar cambia con frecuencia, o si ni siquiera tú lo tienes claro, intentar que los demás sean ordenados será un camino largo y difícil.

Te recomiendo que identifiques los espacios que puedes controlar y que los ordenes a fondo. Podría ser tu armario, una librería, una habitación o una zona reservada para tus aficiones, pero deben ser espacios que siempre puedas mantener ordenados. Si empiezas por esas zonas, te familiarizarás con los fundamentos del orden y adquirirás cierta paz mental. Con esa actitud serena puedes empezar a pensar en los espacios que compartes. Muchas personas hacen lo contrario: intentan ordenar primero los espacios que pertenecen a los demás. Si eres una de ellas, pregúntate antes: «¿Está mi espacio perfectamente ordenado?».

Es difícil cambiar a alguien. Pero nosotros podemos hacerlo. Como el objetivo de ordenar es crear un estilo de vida que genera alegría, es importante que nos enfrentemos a nosotros mismos y, primero, ordenemos nuestro espacio. Si convives con otra persona, ignora su desorden durante tu proceso de organización. Solo experimentarás el placer de ordenar si te has tomado el tiempo necesario para poner tu vida en orden.

Cuando descubres que ordenar es una experiencia placentera en lugar de una tarea pesada y exasperante —una vez eres capaz de llevar ese concepto a la práctica—, tu energía cambia. En consecuencia, las personas que viven contigo también empezarán a ordenar. Según parece, puede provocar una reacción en cadena, algo que he presenciado a menudo.

El momento de ese cambio depende de la persona. Para algunas se da en cuanto empiezan a ordenar. Para otras puede no ocurrir hasta medio año después de que terminen. Pero las personas con las que conviven empiezan a ordenar por iniciativa propia.

La relación entre ordenar y nuestro hogar no es breve ni superficial, así que recuerda que estás creando un estilo de vida que os genera alegría a todos. Busca momentos con tus seres queridos para intercambiar ideas sobre cómo queréis que sea ese estilo de vida.

¿Y si todo me da alegría?

Si sientes que todo lo que posees te genera alegría, ¡fantástico! En ese caso, cambiemos la premisa de ordenar. No necesitas pensar en tirar nada. Lo importante es que aprecies todo lo que posees y que te sientas a gusto y feliz en tu hogar. Si todo sigue generándote alegría, incluso después de ordenar, perfecto.

En ese caso, te recomiendo que mejores la forma de guardarlo todo. Céntrate en cómo hacerlo para que tu alegría se convierta en satisfacción. Por ejemplo, identifica las categorías con mayor claridad y elige dónde quieres tener cada objeto. Pon las cosas de pie y colócalas de manera que te gusten cada vez que abras un cajón. Disfruta explorando la mejor forma de guardar todos los objetos que tanto te agradan y aprecias.

Conozco a muchas personas que insisten en que no pueden desprenderse de nada porque «todo les da alegría», pero luego descubren que eso no acaba de ser cierto. Después de seguir el método KonMari de juntar todas sus pertenencias por categorías y tocarlas una a una, se dan cuenta de que algunas ya no les entusiasman, ni siquiera las que forman parte de una de sus colecciones favoritas. Aunque la cantidad de esos objetos puede ser muy pequeña, lo importante es el proceso de reevaluar qué nos encanta y qué no. Solo a través de él podemos crear las condiciones necesarias para que todas nuestras cosas nos generen alegría de verdad. Si crees que todo te alegra cuando solo has metido el pie en el proceso de organización en vez zambullirte de lleno, quizá no te hagas una idea de lo que posees.

Un buen indicador de que cuanto tienes te genera alegría es sentir felicidad y satisfacción en casa.

DOS

El diálogo con tu hogar y tus pertenencias

Este capítulo te ayudará a profundizar en tu relación con tu hogar y tus pertenencias. Reflexionar sobre los recuerdos y las sensaciones que te inspiran los objetos que te rodean te ayudará a entender mejor la esencia del orden.

Si tu hogar tuviera personalidad, ¿qué clase de persona sería?

Todos los hogares tienen una personalidad y un carácter propios.

Muchos de mis clientes se sienten desconcertados cuando lo afirmo, pero después de visitar muchos hogares a diario, año tras año, estoy segura de que es cierto, aunque no pueda decir por qué.

Unos son femeninos y otros masculinos; algunos son jóvenes y dinámicos; otros, serenos y maduros. Unos son agudos y otros callados. Algunos evocan vívidas imágenes. El carácter y estilo de comunicación de cada uno es distinto.

Cuando empiezo a dar clases a un cliente, lo primero que hago es familiarizarme con su casa. Mi método es simple: la saludo y le pido que nos apoye durante el proceso de organización. La sensación que obtengo como respuesta me indica cómo es su personalidad. No intento analizar ni clasificar los hogares en categorías. Solo hacerme una idea de cómo es cada uno, igual que podemos intuir el carácter de una persona al conversar con ella.

Quizá te preguntes si es útil conocer la personalidad de un hogar. De hecho, no sirve para nada. Pero si desde el principio establezco la conexión con un hogar, a menudo me orientará en la buena dirección cuando busque soluciones, como la forma de guardarlo todo en una zona concreta.

He llegado a la conclusión de que los hogares suelen ser muy amables. Si algo me preocupa en el trabajo, cuando vuelvo a casa esta parece envolverme en un tierno abrazo y, a menudo, mis problemas han desaparecido a la mañana siguiente.

¿Por qué no pruebas a saludar a tu casa y observas qué sucede?

¿Tus cosas respiran?

Ropa metida a presión en el armario. Pilas de libros y revistas por el suelo. *Komono* dejados en una estantería o aparador.

¿Hay algo en tu casa a lo que le cueste respirar? Escucha lo que cada objeto intenta decirte. Si te preguntas cómo hacerlo, prueba a «actuar para las cámaras». Primero, apaga la música y, después, mira a tu alrededor. Si un objeto te llama la atención, intenta imaginar lo que siente y sé su voz. Di lo que te venga a la cabeza. Por ejemplo, «Tanto peso me está aplastando», o «Por favor, vuelve a meterme en el cajón», o incluso, «Aquí estoy muy bien. Es muy liberador». Si finges ser cada objeto, empezarás a entenderlos.

Cuando te metas en el papel y te pongas en la piel de diez o veinte cosas, es probable que hagas varios descubrimientos. Algunas pueden decirte cómo quieren que las guardes, mientras que otras quizá te confiesen que ya han cumplido su función en tu vida. Quizá incluso tengas un momento de inspiración sobre algo que necesitas llevar a cabo al día siguiente o sobre lo que quieres hacer en la vida.

Todas tus pertenencias quieren ayudarte. Así pues, piensa en cómo puedes hacer más cómodo el espacio para cada una. Esa es la esencia de planificar el almacenamiento, el ritual sagrado de devolver las cosas al lugar que les corresponde. Para ello, debes ponerte en su piel. Espero que, al hacerlo, comprendas que ordenar no es una lista de técnicas para guardarlo todo, sino más bien un proceso que te permitirá mejorar tu comunicación con los objetos de tu vida.

De todas tus pertenencias, ¿cuáles atesoras desde hace más tiempo?

Fíjate en todo lo que posees. ¿Qué es lo que lleva más tiempo contigo? Busca objetos que tengas a mano y uses siempre, no lo que habías olvidado y acabas de darte cuenta de que está ahí.

En mi caso, es mi costurero —de madera y con cajones—. Me lo regalaron mis padres para Navidad cuando estaba en primaria. El cierre metálico de la tapa se rompió y se reparó, lo que ha dejado agujeros en sitios raros, pero me encanta el color de la madera y el motivo de flores labradas. Durante una época, lo usé para guardar el maquillaje, pero ahora vuelvo a utilizarlo para coser.

Mi costurero ha sido testigo de todas mis alegrías y penas. Aunque me da un poco de vergüenza pensar que me ha visto en mis peores momentos, no solo en los mejores, también es reconfortante, como estar con un buen amigo al que puedo confiárselo todo. Me siento comodísima en su presencia, segura de que me acepta tal como soy, defectos incluidos.

Cuando encuentres un objeto así, cógelo, límpialo con cariño y pídele que siga apoyándote. Si lleva tanto contigo, seguro que te ha cuidado mucho. ¿No crees que ha llegado la hora de devolverle el favor?

Creo que, cuando apreciamos mucho un objeto, profundizamos en nuestra relación con él y eso genera lazos con otras cosas de nuestra vida, lo que saca lo mejor tanto de ellas como de nosotros.

¿Hay objetos que te encantan y los guardas sin saber por qué?

Cuando pregunto a mis clientes si alguna vez han sentido que estaban destinados a encontrar un objeto determinado, suelen darme una de estas dos respuestas: que les sorprendió la conexión que notaron al verlo, como si les hubiera sonado un gong en la cabeza, o que se han dado cuenta de que siguen utilizándolo veinte años después. Esta última afirmación me parece fascinante.

Cuando les pregunto por su primer encuentro con esa clase de objetos, sus respuestas sorprenden por su aparente indiferencia. «No recuerdo cuándo lo compré», dicen. O «Lo compré sin pensarlo». La primera vez que oí este tipo de frases aún estudiaba. Acababa de empezar las clases de organización. Influida por las series de televisión y el manga, creía que la verdadera atracción tenía que ser un «amor a primera vista». Me sorprendió descubrir que no siempre es así.

Me hizo pensar en si tenía algún objeto destinado para mí y aún no me había fijado en él. Al ponerme a reflexionar, me di cuenta de que así era: mi agenda.

Empecé a utilizar un tipo concreto de agenda cuando aún estaba en secundaria y seguí con ella hasta casi los treinta: más de quince años. A mis amigos de la infancia les sorprendía que aún usara el mismo tipo de agenda. Era de bolsillo, del tamaño de una cinta de casete. Su diseño era muy sencillo, con una página para el calendario de cada mes, pero la impresión a color y las divertidas ilustraciones de los meses me generaban alegría.

Ahora utilizo una agenda más grande porque mi calendario es demasiado complejo para caber en una pequeña, pero la primera que tuve encajaba tan bien conmigo en esa época que estoy convencida de que encontrarla fue obra del destino. Aun así, no recuerdo cuándo fue.

Eso me hizo pensar que nuestra primera impresión de un objeto a veces no nos indica que está destinado a formar parte de nuestra vida para siempre. Pensando que quizá ocurría lo mismo cuando las personas conocían a su «alma gemela», empecé a preguntar a mis clientes cómo habían conocido a su pareja, utilizando como excusa un objeto de valor sentimental encontrado en el fondo de un armario o de un cajón. Para mi sorpresa, muchos respondieron con un: «Trabajábamos en el mismo sitio», «Antes de darme cuenta, estábamos siempre juntos» o «En esa época apenas me había fijado en él». Muchos añadieron: «Pero nos parece natural estar juntos».

Mi relación con mi marido, Takumi, también fue de las que llevan tiempo. Lo conocí en un encuentro de estudiantes que buscábamos trabajo cuando aún estábamos en la universidad, y después seguimos viéndonos de manera esporádica, quizá una o dos veces al año, durante unos ocho años.

Creo que la profundidad de nuestra conexión con determinadas personas u objetos depende más de si nos acoplamos con ellos que del impacto que nos causan la primera vez que los vemos.

¿Notaste una conexión instantánea con alguna de tus cosas?

Luego están los objetos con los que conectamos nada más verlos. Reconocemos al instante que son perfectos. Parecen estar hechos para nosotros o decirnos a gritos: «¡Llévame a casa!».

A juzgar por lo que me dice la gente, estos objetos son muy distintos: quizá sea algo que llevas, como un bolso blanco de piel o unos pendientes con bonitas piedras azules, o podría ser una taza, un sofá, incluso una planta. Algunos de mis clientes solo compran aquello con lo que sienten esa conexión, pero incluso los que aún no han llegado al nivel de identificar qué les genera alegría han sentido «amor a primera vista» por algo.

En mi caso, fue un cuadro que encontré durante un viaje con mi familia cuando estaba en la universidad. Entré en una tienda por casualidad y en la parte de atrás vi un cuadro inspirado en *Alicia en el País de las Maravillas*. La composición era tan perfecta que me quedé mirándolo embelesada. Estuve media hora dudando de si comprarlo o no; entré y salí de la tienda varias veces antes de decidirme. Cuando llegué a casa y lo colgué en la pared, sentí que mi habitación estaba completa. Nunca había experimentado nada semejante. No obstante, pese a aquel encuentro que parecía obra del destino, me desprendí de él. Una clienta me dijo que a su hija le encantaba *Alicia en el País de las Maravillas* y decidí regalárselo. Habían pasado cinco años desde que lo compré y, por alguna razón, sentía que su papel en mi vida había terminado.

No obstante, cuando ya no estaba, sucedió algo extraño: seguía viéndolo en sueños.

Al principio pensé que era una coincidencia, pero ocurría casi todos los días. Al cabo de una semana, me llamó mi madre.

—Marie —dijo—, aún tienes el cuadro de Alicia, ¿verdad?

—¿Qué? Hum...

—Llevo varios días soñando con él todas las noches. Debe de ser muy importante para ti, así que cuídalo, ¿quieres?

Cuando colgó, decidí que mi sueño recurrente no era una casualidad. Llamé a mi clienta. Cuando se enteró de lo que había ocurrido, me lo devolvió. Sigo sin tener la menor idea de qué intentaba decirme el sueño, pero, justo después, mi trabajo cambió de rumbo y todo empezó a irme mejor. Era como si el cuadro velara por mí.

Lo tengo conmigo desde entonces: me lo llevé cuando me casé y cuando nos mudamos a Estados Unidos. Más que alegría, me inspira una profunda sensación de paz y seguridad cada vez que lo miro.

Las cosas con las que notamos una conexión instantánea solo nos llegan cuando es el momento. Incluso si nos separamos de ellas durante un tiempo, siempre regresan. Esta clase de encuentros son mágicos, ¿no crees?

TRES

Visualiza tu hogar ideal

En este capítulo visualizarás tu hogar ideal espacio a espacio. Te mostraré ejemplos de cada uno tomados de mi propio estilo de vida o del de mis clientes para ayudarte a imaginar el tuyo.

La entrada es la cara de tu hogar, su parte más sagrada

La entrada a nuestro hogar debería hacernos suspirar de alivio y satisfacción cuando cruzamos la puerta, y querer gritar: «¡Estoy en casa!». Limpia y ordenada, tendría que conseguir que nuestros huéspedes se sintieran alegres y muy bien recibidos. Esa es mi idea de la entrada ideal.

Por ejemplo, el suelo está impecable y todos los zapatos, salvo un par de cada miembro de la familia, están guardados en el zapatero o en el armario. La exquisita fragancia a aceites esenciales impregna el aire, y la mirada se fija de inmediato en un punto de alegría, como una alfombra bonita, una fotografía, una postal favorita o una sola flor en un jarrón. Ese foco de atención cambia según la temporada, ya sea Año Nuevo, otoño o Navidad.

La entrada al hogar de una clienta me impresionó. La pieza central era la maqueta de un barco que había construido su marido y, al lado, ella había colocado centros de flores de temporada de estilo *ikebana*. Cuando sus hijos crecieron y se marcharon de casa, el matrimonio empezó a añadir detalles decorativos a su hogar. Ahora tienen por costumbre saludar a su casa todos los días. Aún recuerdo sus caras sonrientes cuando me dijeron: «Nos da muchísima alegría llegar a casa y abrir la puerta».

Tu entrada es la cara de tu hogar, su parte más sagrada. La clave reside en decorarla con sobriedad.

¿Qué quieres ver cuando abres la puerta? ¿Qué te generaría más alegría al entrar? ¿Una determinada fragancia? ¿Un estilo o adorno especial? Quizá quieras reorganizar y simplificar el proceso de entrar en tu casa poniendo un banco o guardando los zapatos de otra manera.

JOHN LAUTNER
TASCHEN

La entrada de tu hogar es como la entrada de un templo

Limpio el suelo de la entrada con un trapo húmedo bien escurrido. Aunque pueda parecer una lata innecesaria, te recomiendo limpiarlo así o pasar la fregona si quieres un estilo de vida que te dé alegría.

Empecé a hacerlo cuando aún estaba en secundaria. Aunque he olvidado el título, me inspiré en un libro sobre *feng shui* que afirmaba que pasar un trapo por el suelo de la entrada a diario mejoraba tu suerte. La entrada de la casa, explicaba, es como la cara de su dueño. Tenerla limpia y reluciente mejora el prestigio de tu hogar y atrae la buena suerte.

Al principio me tomé esas palabras al pie de la letra. «¡Ya veo! Así que este es mi padre», pensé, imaginándome su cara mientras pasaba el trapo. Pero me pareció bastante irrespetuoso, así que decidí no pensar en nada que no fuera limpiar la entrada.

Me sorprendía ver lo sucio que siempre acababa el trapo, aunque la limpiaba todos los días. «Fíjate en toda la suciedad que acumulamos en un solo día —pensé—. ¿Es esto lo que significa ser humanos? ¿Sacudirnos el polvo todos los días al llegar a casa y reponernos para otra jornada de trabajo?». Debía de ser una imagen bastante cómica: arrodillada con el uniforme escolar, trapo en mano, reflexionando sobre el sentido de la vida.

Cuando empecé a impartir clases de organización, expliqué a mis clientes lo que decía el libro sobre limpiar la entrada. «¡Oh, ya veo! —observó una—. Es como entrar en un templo sintoísta». ¡Tenía razón! En una ocasión trabajé como ayudante a tiempo parcial en uno de esos templos y allí nos enseñaron que cruzar la entrada elimina las impurezas y la mala suerte. De igual manera, cuando cruzamos la puerta de casa, la entrada elimina toda la suciedad que acumulamos durante el día.

Otra clienta comentó que limpiar la entrada la ayudaba a desterrar sentimientos de culpa y vergüenza. Se dio cuenta de que ver suciedad en esa zona la hacía sentirse fracasada. (Por alguna razón, esta costumbre suele inspirar ideas filosóficas como estas).

Tener nuestra entrada impecable puede infundirnos la confianza que surge al saber que no tenemos nada que ocultar. Asimismo, nos inculca respeto por nuestra casa como lugar sagrado. Puede que este pequeño espacio sea un lugar para purificar la mente. Si lo es, parece lógico que tenerlo limpio mejore nuestra suerte. En Japón se dice que «la felicidad entra por la puerta». Limpiar el suelo de la entrada vuelve más ligero el aire que circula por la casa. ¿Te gustaría convertir tu hogar en un punto energético, como un templo sintoísta? En ese caso, acostúmbrate a limpiar el suelo de la entrada todos los días.

Convierte tu salón en un espacio que favorezca la conversación

El salón es un lugar para comunicarse con la familia, los amigos, incluso con uno mismo. Sirve tanto para relajarse como para mantener animadas conversaciones. En el nuestro hemos creado un espacio de juego para compartir con nuestros hijos antes o después de cenar. Les leemos y disfrutamos viéndolos bailar y cantar. Ese espacio nos ayuda a crear momentos de alegría. También hemos reservado un sitio junto al televisor para fotografías, hemos creado un rincón para exponer sus manualidades y hemos dedicado otro a adornos de temporada, que cambiamos cada cierto tiempo para señalar fechas como la Navidad.

Mientras los niños están en el colegio, el salón es un preciado lugar para relajarme con un té. Desde el mando a distancia hasta los periódicos y revistas, todo tiene su sitio, y siempre está limpio y ordenado. Puedes guardarlo todo en armarios o en los compartimentos de tu mesa de centro, o agruparlo en bandejas que te generen alegría. Guarda los mandos a distancia en cestas estrechas para que no se vean y den sensación de orden. Me gusta adornar el salón con flores bonitas y una de mis plantas favoritas ocupa un rincón. «Tienes muy buen aspecto —le digo cuando la riego—. Gracias por mantener el aire puro y limpio». Según mi estado de ánimo, pongo música clásica o jazz, y me relajo en el sofá cuando necesito un descanso del trabajo.

La gente que me dice que su salón es el lugar que más alegría le genera a menudo crea su pequeña galería de arte al escoger objetos que irradian belleza, como cuadros, adornos entrañables o flores de

temporada. Una clienta a la que le encantan los objetos que brillan colocó lágrimas de cristal en la ventana, gruesos cristales y adornos de vidrio en el mueble del televisor, y un proyector de arcoíris en una pared. Su salón era hechizante, lleno de suaves reflejos irisados durante el día.

En mi caso, el salón ideal es un espacio bien ventilado con un sofá y una mesa baja, lo que crea un ambiente que invita a conversar alegremente.

¿Qué tipo de salón encaja con tu estilo de vida? ¿Qué parte de él o qué adorno serviría como pieza central? ¿Cómo puedes organizar los objetos para que todos tengan su lugar?

¡Una buena cocina hace que cocinar sea divertido!

Paso una parte importante del día en la cocina. Es donde preparo la comida para mi familia y donde comemos juntos. A los niños les gusta verme cocinar. Aunque estén jugando, en cuanto empiezo, aparecen por la puerta y se ofrecen a echar una mano. Creo que la cocina les atrae porque ven que me divierto. Les pido que batan los huevos, corten las verduras o recojan el lavavajillas. Además, el tiempo que pasamos juntos en la cocina es una oportunidad fabulosa para conversar.

Mi regla es no dejar nada en la encimera cerca del fregadero o los fogones, donde podría mancharse o mojarse. Así es más fácil pasar el trapo de inmediato y mantenerla limpia. Reduzco al mínimo la cantidad de ollas y sartenes que empleo, y elijo las más fáciles de usar y cuidar.

Guardo en un solo sitio los utensilios de cocina, como los cucharones y los palillos chinos. Tengo otros artículos divididos y clasificados según categorías sencillas, como los platos, los cubiertos y los condimentos, para que estén a mano. Guardo los productos en bolsas, como los alimentos deshidratados, en posición vertical y compruebo la fecha de caducidad a menudo para usarlos antes de que se echen a perder. Tengo todos los alimentos refrigerados a la vista para evitar que caduquen en la nevera. Los recipientes del mismo tipo para guardar alimentos pueden dar mayor impresión de orden. Buscar y reunir botes u otros *komono* de cocina que te gusten puede ser muy entretenido.

Cuando terminó su festival de organización, una de mis clientas me enseñó con orgullo un soporte de madera para el rollo de papel de cocina que su marido le había regalado por su cumpleaños.

«Antes siempre corría a comprar cualquier aparato que acabase de salir —me dijo—. Pero ahora me doy cuenta de que sustituir un mero objeto por algo que me guste de verdad puede hacer que cada día sea especial».

Mi cocina ideal está limpia, hace que me divierta cocinando y me permite pasar un buen rato en familia.

¿Qué quieres reducir o añadir para que tu cocina sea más fácil de usar? ¿Hay algún útil o artículo que quieras mejorar para divertirte más cocinando o paños, utensilios u otros objetos viejos que quieras sustituir?

No busques solo practicidad: da un toque divertido a tu espacio de trabajo

Un espacio de trabajo donde fluyen las ideas y la inspiración y donde el trabajo avanza rápido y sin interrupciones es una maravilla, ¿verdad? Tanto si tienes despacho propio como si trabajas con otras personas, planteémonos qué espacio es ideal para trabajar.

Por supuesto, lo mejor es tener la mesa vacía, los libros y documentos en la estantería, ordenados por categorías que tú hayas elegido, y nada de papeles amontonados, para que sepas dónde está todo a primer golpe de vista. Los documentos, incluso los bolígrafos y artículos de papelería de los cajones, guárdalos rectos para verlo todo al instante cuando abras el cajón. Ordenar nuestros espacios físicos de esta manera también puede motivarnos a adoptar hábitos nuevos que nos generen alegría.

Una de mis clientas trasladó su festival de organización a su lugar de trabajo. Para empezar la jornada, pasa un trapo por la mesa y rocía el espacio de trabajo con menta o lavanda, según su estado de ánimo. Al final del día, desenchufa el portátil, guarda el cable en su sitio, coloca el ordenador en el lugar de la estantería que le corresponde y solo deja el teléfono en la mesa antes de irse a casa.

Aunque trabajes desde casa, es importante que adornes tu lugar de trabajo con objetos que te generen alegría, en vez de centrarte solo en los aspectos prácticos. Personalmente, me gusta tener una planta y un cristal brillante en mi mesa. Elijo blocs de notas con un toque divertido

y carpetas de mis colores favoritos. Mi principal útil de escritura es un bolígrafo que me encanta, y solo tengo los lápices justos y los rotuladores de colores indispensables, cuyos usos se identifican por su color. Utilizo aromas como la menta o el pomelo para pasar de una tarea a otra. Si tienes el despacho en casa, cambiar de aroma es una manera estupenda de desconectar del trabajo para relajarte, como también lo es distinguir entre la clase de música que pones mientras trabajas y la que escuchas en tu tiempo libre. Si usas la mesa del comedor o la de la cocina como despacho, te recomiendo que pongas los objetos relacionados con el trabajo en una bandeja o cesta y que la guardes fuera de tu vista cuando termines para relajarte sin que nada te recuerde las tareas que te quedan por hacer.

Cuando empecé a impartir clases de organización en Estados Unidos, me sorprendió ver que los estadounidenses suelen adornar sus mesas o espacios de trabajo con objetos personales que les generan alegría, como fotografías de su familia.

Si nos centramos en maneras de disfrutar trabajando en nuestro espacio, es inevitable que este nos genere alegría. El mejor punto de partida es imaginar tu manera ideal de trabajar.

Tómate un momento para pensar en cómo quieres empezar tu jornada laboral y a qué dedicas el tiempo, como a las reuniones, a pensar, a leer para inspirarte o a recabar información. A continuación pregúntate cómo podrías compaginar esas actividades de forma satisfactoria y organízate el día a partir de esa idea. Evalúa los objetos de tu espacio de trabajo para determinar si contribuyen a tu productividad e inspiración. Si nos tomamos tiempo para reflexionar sobre cómo enfocamos el trabajo, podemos acercar nuestra vida laboral a nuestro ideal.

En tu dormitorio recargas la energía para un nuevo día

Mi dormitorio ideal tiene una cama cómoda con sábanas y fundas de almohada limpias y un ambiente que me invita a dar las gracias por el día mientras me relajo y me quedo dormida. La lamparita de noche y los cuadros de las paredes están elegidos con mucho cariño y son de mis objetos favoritos. De fondo, tengo música suave, clásica o de relajación, y huele a lavanda o a rosas. Un jarrón con una sola flor aporta un toque relajante.

Lo primero que cambió una de mis clientas después de ordenar fue su ropa de cama. Hasta entonces había usado sábanas azules, pero las sustituyó por unas rosas que encontró, aún sin estrenar, en el fondo del armario. Sintió la necesidad de lavarlas más a menudo y no solo descubrió lo agradable que es dormir en sábanas limpias, sino también que le encanta el color rosa.

«Ahora, antes de irme a la cama —me dijo—, miro a mi alrededor y doy las gracias a todo lo que veo solo por estar ahí».

Evito tener en el dormitorio aparatos que emitan luz poco natural. Por ejemplo, si la iluminación del rúter o de la alarma antirrobo es demasiado fuerte, los cubro cuando me acuesto para que la luz de la habitación sea lo más natural posible.

¿No es estupendo tener un dormitorio que te permita librarte del cansancio de la jornada y reponer energías?

¿Y si lo primero que vieras por la mañana fuera algo que te diera alegría? Cuando pasamos del sueño a la vigilia, nuestra mente subconsciente, que asume el control durante el sueño, se mantiene un tiempo junto a nuestra mente consciente, que toma el mando durante el día. Por eso te recomiendo que organices el dormitorio de manera que lo primero que veas te provoque pensamientos y sentimientos positivos.

Si tienes la suerte de que tu ventana te muestra un bonito paisaje, como el mar, estupendo. Pero no te preocupes aunque tu dormitorio carezca de ventana o tus únicas vistas sean el edificio de al lado. Imagina qué te generaría alegría si fuera lo primero que vieras al despertarte y después diseña el dormitorio con eso en mente. Para crear un «rinconcito de alegría», identifica el lugar que verás primero y coloca ahí algo que te guste mucho. Puede ser un jarrón con flores de temporada, una planta de interior o una obra de arte. Podrías dejarlo en tu mesita de noche o en la cómoda o, si no tienes sitio, pon un estante bonito en la pared, uno de tus cuadros o tapices favoritos.

No necesitas mucho. Diseña el interior de tu dormitorio con una pieza central que genere alegría y que haga que te apetezca despertarte por la mañana.

¿Cuál es tu idea de un dormitorio que inspira reposo y gratitud? ¿Hacia dónde miras cuando te despiertas y qué puedes poner ahí para sentir alegría al abrir los ojos?

Organiza tu armario para que te levante el ánimo

Interactuar con tu ropa y prestarle la atención que se merece cambiará tu relación con ella y te alegrará a diario. Si tu armario está a rebosar y te horroriza abrir la puerta, nada tendrá un impacto más inmediato que doblar tus prendas. Ese acto resuelve casi todos los problemas relacionados con guardar la ropa. Dóblala en vez de colgarla para crear más espacio.

Así pues, ¿cómo saber si hay que doblar o colgar una prenda? Las vaporosas, como un vestido o una falda con vuelo, deben colgarse. Si no lo tienes claro, pon la prenda en una percha y muévela. Si danza alegremente, ese es su sitio. Cuelga también las que tienen mucha estructura, como un abrigo o una americana. El resto puede doblarse.

Doblar la ropa no es el mero acto de disponer la tela de una manera determinada. Tampoco tiene como único propósito aprovechar el espacio al máximo. Cuando pasas las manos por tus prendas, te comunicas con ellas, transmitiéndoles amor y energía positiva. La suave presión de tus palmas revitaliza las fibras. Mientras alisas la tela, dale las gracias por protegerte. Esta práctica influye en el afecto que sientes por todas las prendas de tu vestuario, y te recuerda por qué te dan alegría.

Me gustaría darte un sencillo consejo para doblar bien la ropa: dobla las prendas en un rectángulo que se tenga de pie. Eso es todo. Cada prenda tendrá una manera de doblarse que le vaya bien. Yo lo llamo «punto óptimo». ¿No es fabuloso que puedas generar alegría a diario gracias a cómo doblas la ropa?

Cuando acabes de doblar toda la ropa y llegue la hora de guardarla, coloca las prendas verticalmente en un cajón para que puedas ver dónde están de un vistazo. Asegúrate de que quedan bien encajadas y disponlas por colores, agrupando los tonos parecidos. Ordeno los cajones de claro a oscuro, del principio al fondo del cajón. Cuando organizas la ropa por colores, sabes cuántas prendas tienes de cada uno.

Ha llegado la hora de organizar el armario. La clave es colgar la ropa de manera que se «eleve hacia la derecha». Cuando abras la puerta, el mero de hecho de verla te levantará el ánimo. Prueba a dibujar una línea ascendente imaginaria con la punta del dedo. ¿Notas cómo te anima?

Para crear esta línea, cuelgo las prendas largas, recias y de colores oscuros a la izquierda, y las cortas, ligeras y de colores vivos a la derecha, para que los bajos de la ropa se eleven hacia la derecha. También conviene organizarla por clases: abrigos con abrigos, vestidos con vestidos y faldas con faldas. Eso simplifica el proceso de guardarla, y es fácil encontrar lo que buscas.

Para los zapatos, si el armario tiene estantes, reserva uno o dos para guardarlos. En caso contrario, coloca un zapatero bajo la ropa colgada. El calzado habitual, como los zapatos de tacón o de piel, va en la parte de abajo, mientras que las sandalias y el calzado ligero se guarda arriba. Los mismos principios son válidos para los zapateros situados en la entrada o en el vestíbulo. Lo mejor es que las personas altas dejen sus zapatos más arriba, y las bajas y los niños, en los estantes inferiores.

Si tienes un vestidor con suficiente espacio en las paredes, puedes decorar el interior con objetos que te den alegría. Tu vestidor es tu espacio, así que no dudes en darlo todo y convertirlo en un oasis o en un singular tributo a tus gustos.

¿Qué quieres ver en tu vestidor para que te motive y te inspire al empezar la jornada?

Siéntete orgullosa de mantener tu forma de vestir

Abrir el armario y ver solo ropa que te encanta es estimulante. No obstante, algunas personas se frustran al descubrir que, tras revisar todo su vestuario, la ropa parece toda igual, ya sea de colores parecidos o del mismo estilo o marca.

Una de mis clientas, que acabó con un vestuario que era sobre todo beis y verde, me confesó que le preocupaban los comentarios de las revistas de moda que lamentaban que la gente se encasillara en un estilo. «Porque yo también llevo siempre el mismo estilo de ropa», me explicó. En una ocasión se atrevió a cambiar y se compró ropa de color rojo y azul. No obstante, aquellas prendas nunca salieron del armario porque no se sentía cómoda llevándolas.

—A lo mejor han cumplido su función —sugerí.

—Pero, sin ellas, mi ropa será toda igual —se quejó—. ¿Y si la gente de la oficina empieza a llamarme «la dama de beis» o «la marciana verde»?

—¿Conoces a alguien que siempre lleva el mismo tipo de ropa? —le pregunté.

—Ahora que lo dices —respondió—, conozco a varias personas.

—Cuando las ves, ¿te parece raro y te preguntas por qué?

—No —dijo—. De hecho, me extrañaría si de repente llevaran otra cosa.

Exacto. Sorprendentemente, la mayoría no se fija en si los demás llevan siempre la misma ropa. De hecho, incluso nos tranquiliza y reconforta verlos vestir las prendas con las que los asociamos. Yo también llevaba siempre la misma ropa: un vestido con una rebeca o una chaqueta *casual*, o una blusa blanca con una falda. Más del 80 por ciento de mis conjuntos para ir a trabajar solían ser una de esas dos combinaciones. Mi vestuario solo se transformó un poco después de tener hijos, ya que empecé a llevar ropa más informal. La mayoría de mis clientes también terminan con ropa parecida cuando acaban de ordenar el armario. De hecho, incluso las personas cuyos vestuarios parecen bastante variados siguen un patrón característico si nos fijamos en los colores o formas que eligen.

Ordenar la ropa nos obliga a afrontar el pasado, incluidos los errores que cometimos mientras descubríamos qué nos favorece. En nuestro vestuario siempre hay prendas que nos recuerdan experimentos que preferiríamos olvidar. Me da vergüenza pensar cuántas veces susurré a esa clase de prendas: «Gracias por enseñarme que este estilo no me va», y después se las regalé a mi hermana pequeña, destinataria de mis «caritativos donativos» en una época de mi vida. (Por cierto, es un magnífico ejemplo de lo que no hay que hacer).

No obstante, la ropa que queda al final de este proceso de aprendizaje es sin duda la que más te favorece y más cómoda te resulta. Así pues, presume de tu estilo de siempre con confianza. La industria de la moda perpetúa la idea de que siempre tenemos que llevar ropa distinta. Librarnos de ese concepto puede ser un gran alivio y nos permite disfrutar de elegir lo que nos ponemos.

Pero ¿y si quieres un vestuario más colorido? Después de ordenar su ropa, muchos de mis clientes reciben asesoramiento sobre los colores que más les favorecen o asisten a seminarios sobre moda para ampliar su selección de ropa de forma consciente y objetiva. Son maneras estupendas de empezar a diversificar.

Con respecto a la clienta que siempre vestía de beis y verde, cuando le tocó ordenar las fotografías —que en el método KonMari pertenecen a la última categoría— y se puso a mirarlas para ver si le daban alegría, de pronto se echó a reír. «Fíjate —dijo—, aquí hay una de hace quince años. —Aparecía con un pantalón beis y una blusa verde—. Toda mi familia va vestida igual que ahora. Mi padre sigue llevando pantalones grises y polos, y mi madre, camisetas blancas con faldas estampadas. —Sonrió—. Me hace sentir mejor. A partir de ahora, me declaro con orgullo la marciana verde».

Aunque no creo que necesitara ponerse ese apodo, siguió adelante encantada para terminar su festival de organización.

Limpiarse las suelas de los zapatos trae buena suerte

Los zapatos tienen un extraño atractivo. Mientras que por una parte son artículos de consumo, por otra son complementos o incluso obras de arte. La pasión de algunas personas por los zapatos da lugar a colecciones tan inmensas que les sería imposible llevarlos todos. Incluso quienes no los coleccionan han sentido amor a primera vista por al menos un par que compraron por impulso.

Me encantan los zapatos, tanto que un día me senté a mirar los míos con atención. Los saqué todos del armario, los puse en fila en la entrada, me arrodillé en el suelo y los observé durante casi una hora. Es difícil explicar por qué, pero de repente me entraron ganas de escuchar sus problemas. Habían destacado en la zapatería, pero en ese momento, encerrados en el armario, parecían haber perdido la confianza.

«¡Ya sé! Los limpiaré», pensé.

Saqué los cepillos y betunes y empecé a limpiarlos uno a uno hasta que estuvieron relucientes. Cuando terminé y los dejé sobre un papel de periódico, creí oírlos. «Límpianos también las suelas», parecían decir.

Abre el zapatero y echa un vistazo. ¿Te dan asco? ¿O te fascinan? La diferencia no tiene nada que ver con la calidad o el precio de los zapatos.

Durante una clase con una de mis clientas, noté algo extraño cuando le tocó ordenar los zapatos. Los había juntado todos y estaba cogiéndolos uno a uno para ver si le daban alegría, pero algo fallaba. De entrada, estaban encima de hojas de periódico viejas y arrugadas. Ella los sostenía tan lejos como podía, entre el índice y el pulgar, incluso los que parecía que podrían darle alegría. Recordé su expresión cuando le pedí que los sacara del zapatero. ¿Había puesto mala cara? Sí. Trataba los zapatos como si le repugnaran, aunque en la tienda hubieran estado expuestos como joyas.

Ningún artículo de nuestro vestuario recibe un trato tan distinto como nuestros zapatos antes y después de comprarlos. La razón es, claro, que, en cuanto empezamos a llevarlos, acumulan mucha suciedad. Pero eso se debe a que se pasan el día enfrentándose a la suciedad de nuestra vida. Sin duda, los zapatos tienen el trabajo más difícil.

Quizá tus zapatos conversan con sus vecinos, los calcetines o las medias, mientras los llevas. «Qué calor hace hoy», pueden decir.

«Sí, insoportable. Ánimo», quizá respondan los calcetines.

Pero tus zapatos deben de pensar: «Al menos vosotros os refrescáis cuando os lavan después de llevaros».

También hay una gran diferencia entre la parte de arriba y las suelas de los zapatos. La piel suele estar bien lustrada y atraer las miradas, mientras que las suelas rara vez tienen tanta suerte. Parece una crueldad cuando son ellas las que asumen la ingrata tarea de pisar la mugre. Las suelas deberían recibir un trato especial. Tendríamos que profesarles el respeto que merecen.

Por eso adopté la costumbre de limpiar las suelas de los zapatos antes de acostarme o al levantarme, cuando paso un trapo por el suelo de la entrada. Mientras lo hago, les doy las gracias por soportar mi peso durante todo el día.

Por supuesto, a veces estoy demasiado ocupada, pero cuando puedo seguir esta rutina descubro que mejora más mi claridad mental que limpiar cualquier otra cosa. También siento que puedo ir a sitios apropiados para un calzado limpio. Hay un dicho: «Los buenos zapatos te llevan a buenos lugares», pero en realidad son las suelas las que lo hacen. Al fin y al cabo, nos conectan con la tierra.

Si te acostumbras a limpiar las suelas de los zapatos, quizá te encontrarás en situaciones especiales, como descubrir una tienda que te encanta o algo que siempre has querido al entrar por impulso en otra.

Ten en el baño aquello que te dé alegría

La gente suele dejar a la vista el jabón, las esponjas y otros artículos de baño y limpieza, pero te recomiendo que lo guardes todo salvo lo que te alegra al mirarlo. Por ejemplo, meto en el armario las cremas limpiadoras y los cepillos de pelo, así como el champú y el gel si creo que sus envases no me dan alegría, y solo los saco cuando los uso. Otra opción es pasar tu champú y gel favoritos a botellas que te gusten y dejarlas a la vista. Así te asegurarás de que tu baño siempre te genere felicidad.

Uno de mis clientes de Estados Unidos decoró su espacioso baño con plantas para que pareciera un jardín. ¡Qué lugar tan refrescante para darse un baño! Aunque sería estupendo disponer de tanto sitio, incluso con un espacio pequeño puedes crear el efecto que deseas si colocas algunas plantas.

Los hogares japoneses, sobre todo en las ciudades, suelen ser mucho más pequeños que los estadounidenses, lo que descarta la posibilidad de tener un cuarto de baño grande. El baño del piso en el que yo vivía era minúsculo, sin mucha luz, así que no podía tener plantas. Por eso, cada vez que me daba un baño, cogía el jarrón con una sola flor que tenía en el salón y lo colocaba en un estante para regalarme la vista. Te animo a hacer tu hora del baño lo más especial posible añadiendo detalles, como sales de baño o tus velas favoritas.

¿Cómo puedes personalizar los cajones del baño para que te den alegría? ¿Con qué clase de flores o adornos te gustaría decorarlo?

YUZU

Personaliza tus cajas y cajones con notas de color y motivos decorativos

Cuando termines de ordenar y elijas lo que te da alegría, debes guardarlo de una manera que también te la genere. Yo prefiero las cajas sencillas y bonitas de mimbre o de bambú, de color blanco y negro. También me gusta utilizar artículos que respeten el medioambiente, como cajas de cartón reciclado o fundas de algodón orgánico.

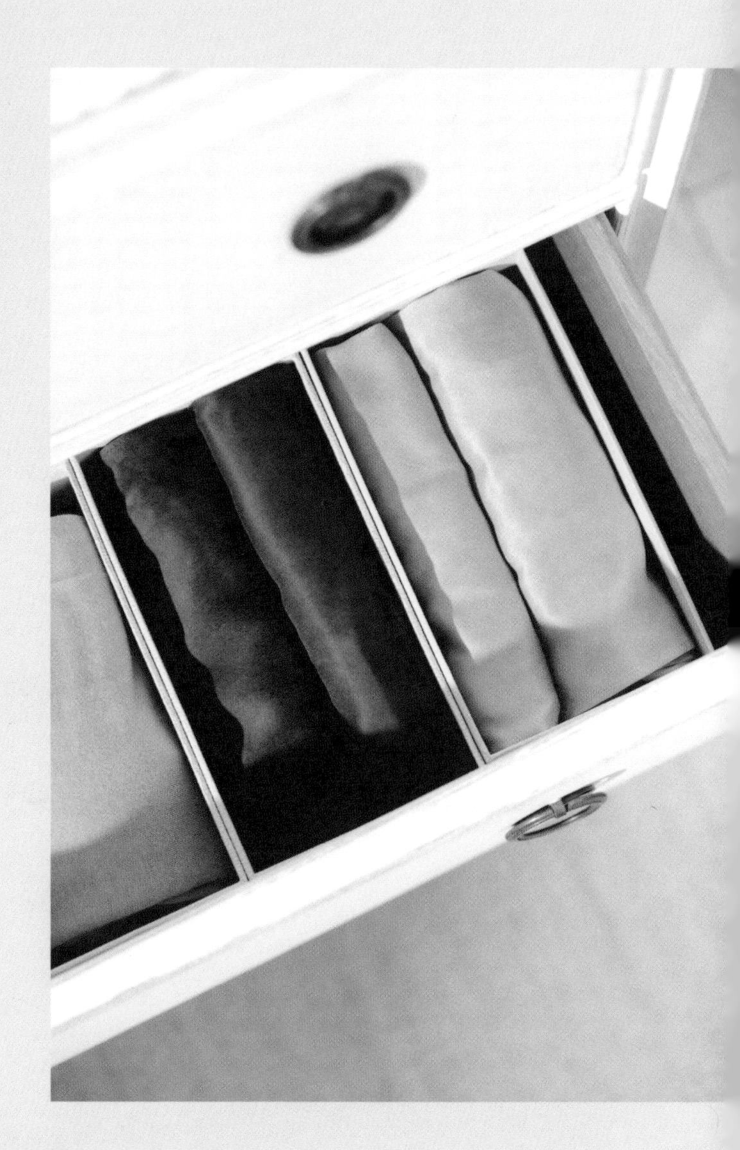

Si prefieres los cajones de plástico transparente, personalízalos pegando postales bonitas o papel de regalo en el frente, por la parte interior. Los cajones también pueden generar alegría al abrirlos si escoges separadores que te gusten. Piensa en cómo dividir el espacio para guardarlo todo de pie. De esa manera verás dónde está cada cosa.

Es estupendo cuando encuentras las cajas ideales para guardar todo lo que te da alegría. Las que ya tienes, incluso las de zapatos, te sirven, pero algunas personas prefieren otras resistentes y de bellos diseños que compran para ese propósito, y eso también está bien.

Es divertido crear tus propias cajas y cajones ideales: bien organizados, con todo dividido por categorías y en la cantidad justa.

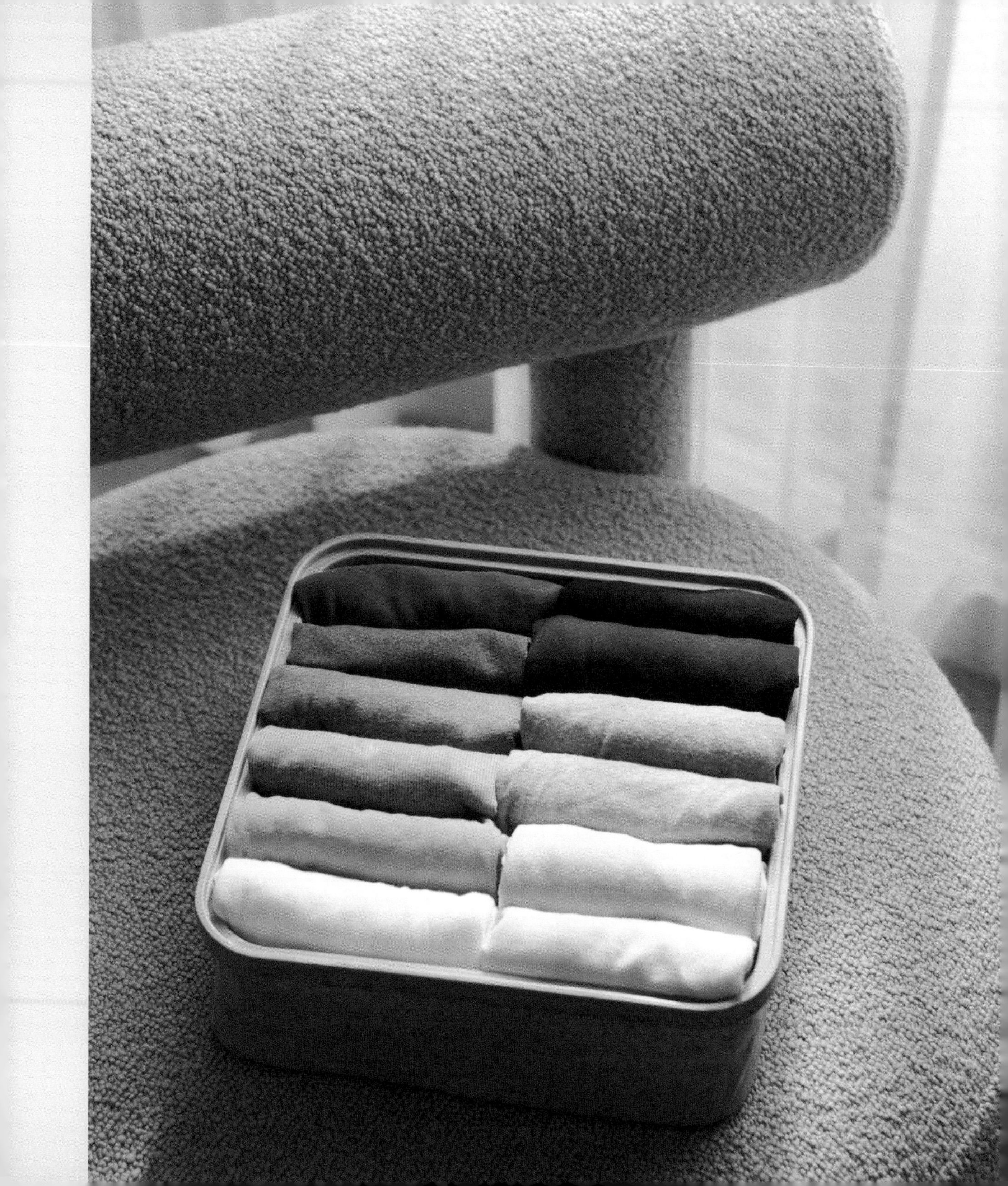

Diseña tu aseo para que fluya la energía

Por lo que respecta al aseo, la limpieza lo es todo. Con tan poco espacio de almacenamiento, es fundamental limpiarlo de forma regular. Aunque pasas poco tiempo allí, es la zona de tu casa en la que se eliminan las toxinas, así que es importante que la energía no parezca estancada.

Te recomiendo tener los rollos de papel higiénico en una cesta o tapados con un paño bonito. Para purificar el aire, prefiero los ambientadores sin componentes químicos con aromas a madera, como la de eucalipto. Siguiendo la tradición japonesa, dejo unas zapatillas especiales en el aseo, justo al lado de la puerta, y elijo una alfombrilla de colores que combinen. Aparte de eso, lo único que hace falta es decorarlo un poco con una postal o un adorno favorito, por ejemplo. Estos artículos pueden cambiarse en función de la época del año o de tu estado de ánimo.

Una de mis clientas decoró las cuatro paredes de su aseo, del suelo al techo, con vinilos. La mitad inferior estaba repleta de amapolas de tallo largo. También puso en el suelo una mullida alfombrilla verde que parecía hierba. Era como entrar en otro mundo y estar en un campo de flores. Eso me recordó que deberíamos sentirnos libres de experimentar en nuestra casa.

¿De qué color sería tu aseo ideal? ¿Qué aroma te haría feliz?

Mantén tu casa sana estimulando sus puntos de presión

El *shiatsu*, una forma japonesa de digitopuntura, es fabuloso. Mi abuelo era acupuntor y practicaba la moxibustión, además de ser experto en medicina tradicional china y japonesa. Por eso, incluso de pequeña, yo sabía mucho de puntos de presión y de cómo llevar una vida sana. Mi abuelo empezó a hacerme *shiatsu* y fisioterapia cuando estaba en primaria; en secundaria ya me sometía con gusto a sus tratamientos de acupuntura. Él utilizaba un aparato que parecía sacado de un turbio experimento científico: me clavaba agujas con cables en los puntos de presión y después hacía pasar una moderada corriente eléctrica por ellos. «La circulación es clave para la salud», decía sonriendo mientras me clavaba otra aguja sin piedad. Pese a su aspecto, su método era muy efectivo.

Al haber crecido en ese entorno, términos como «punto de presión» y «circulación» siempre han formado parte de mi vida. Por eso es natural que, cuando ordeno, me pregunte dónde están los puntos de presión de la casa y qué puede estar impidiendo que circule el aire. (Si te parece raro, no me hagas caso y considéralo una enfermedad profesional que aqueja a ciertos expertos en organización).

Pero si hubiera puntos de presión en una casa o piso, ¿dónde crees que estarían? ¿Qué lugares permitirían que el aire circulara mejor si estuvieran ordenados?

La respuesta es la entrada, el centro y las zonas con cañerías. Aunque hay muchos otros puntos de presión, ocuparse de estos tres produce resultados espectaculares. Creo que es fácil entender por qué resulta tan efectivo ordenar las zonas con cañerías como el aseo y el fregadero. Son las primeras en mostrar signos visibles de uso y, por tanto, las que más llaman la atención una vez ordenadas. He explicado también que la entrada al hogar es como la de un templo, y que nos limpia de toda la suciedad que acumulamos en la calle. Lo que quizá sea más difícil de entender es dónde está el centro.

Cuando visito por primera vez a un cliente, siempre me arrodillo ceremoniosamente para saludar a su casa. Y lo hago en el punto central. Desde el principio, cuando me paseaba por una casa, percibía un lugar donde el aire parecía cambiar, volviéndose más denso y girando como un remolino, y ese sitio siempre se encontraba cerca del centro de la casa. Daba igual que estuviera en un pasillo o en un trastero; el efecto era el mismo.

Tiempo después de aquel descubrimiento, encontré un esquema titulado «El recorrido que sigue la energía» en un libro sobre *feng shui*. Mostraba que entra por la puerta de la casa, gira en círculos en el centro y sale en diagonal por la pared de enfrente. Era el mismo recorrido que había percibido en los hogares de mis clientes. Cuando se ordena ese punto central y se mantiene despejado, el aire que entra por la puerta circula con más libertad y crea una mayor sensación de ligereza en toda la casa.

Ahora que sabes de su existencia, puedes hacer que ese punto de presión del centro de tu casa obre en tu favor en tu vida cotidiana. No tienes que hacer nada especial. Y no importa si hay una columna o un mueble en ese punto. Solo debes mantenerlo libre de basura: asegúrate de que nadie coloque ahí un cubo de basura u objetos para tirar, ni nada que ya haya cumplido su función. De lo contrario, una sensación de inquietud invadirá toda la casa.

Eso me recuerda a algo que decía mi abuelo, un apasionado de la salud que tuvo una vida larga y plena: «Ten la expresión radiante y siente el intestino ligero. Aparte de eso, solo necesitas mantenerte limpia para estar sana».

Aplicando este principio a nuestro hogar, deberíamos tener la entrada, o cara, de nuestra casa resplandeciente; el centro, o intestino, despejado; y las zonas con cañerías, como el baño y el aseo, limpias y relucientes. Si atendemos a estos tres puntos de presión, lograremos una casa contenta y sana.

Un garaje organizado es un garaje feliz

Antes pensaba que los garajes solo eran lugares para dejar el coche. Cuando me mudé a Estados Unidos, su tamaño me dejó pasmada. Un típico garaje estadounidense es mucho más grande que cualquiera de los que haya visto en Japón. A consecuencia de ello, mucha gente los utiliza como almacén, y a menudo están abarrotados de artículos de temporada y objetos diversos. Revisar con regularidad lo que guardas en el garaje te ayudará a controlar la cantidad de cosas que tienes.

Si quieres que tu garaje deje de ser un almacén y se transforme en un lugar que dé alegría, ordénalo. Un principio fundamental del método KonMari es hacerlo por categorías, y también puede aplicarse a los garajes. Mi propuesta consiste en clasificar todos los objetos: adornos para ocasiones especiales, herramientas, material de acampada, etcétera. Como haces cuando ordenas la casa, junta todas las cosas de una categoría en el mismo sitio, tócalas una a una y quédate solo con las que te den alegría.

Cuando acabes de elegirlas, guárdalas según esas categorías. En el caso de los garajes, la clave es que sea fácil ver dónde está cada objeto. Eso optimiza su función como almacén. Si puedes guardarlo todo en cajas del mismo tipo, parecerá más ordenado. El polvo y la suciedad se cuelan en los garajes con facilidad, así que es mejor usar contenedores con tapa. Aquellos objetos que se tengan de pie deben guardarse de ese modo. El objetivo es colocarlo todo dentro de las cajas para que veas dónde está cada cosa en cuanto levantes la tapa. Si etiquetas los contenedores y los colocas en baldas de rejilla, toda la familia sabrá dónde se guarda cada objeto.

Para generar incluso más alegría en tu garaje cuando ya esté ordenado, te recomiendo que lo decores con objetos que te gusten mucho, igual que harías con tu hogar. Si hay una pared vacía, utilízala para colgar los cuadros que no te hayan cabido en casa, o monta un rincón especial para tus aficiones. Si lo decoras, el garaje dejará de ser una mera plaza de aparcamiento o almacén y se convertirá en un espacio más alegre. Además, pensar en cómo conseguir que genere más alegría puede ser muy entretenido.

¿Qué recipientes te gustaría tener en el garaje: de plástico, de cartón, cestas...? ¿Qué combinación de colores y sistema de organización funcionaría mejor? ¿Qué adornos podrían transformar tu garaje?

Decora las paredes con los paisajes que quieres ver

Un día, en una clase de organización, me encontré sentada delante de un espejo con una toalla alrededor del cuello.

Mi clienta de aquel día era la maquilladora S. «Cuando se trata de maquillar —dijo—, el equilibrio es importante, claro, pero la cara está compuesta por una serie de piezas. Algunas pueden cambiarse y otras no. Por ejemplo, no es posible modificar tu estructura ósea, igual que no puedes cambiar la distribución de tu casa al decorarla. Y del mismo modo que hay que tener el suelo limpio, cuanto más limpia esté tu piel, mejor».

Abrió su voluminosa caja de maquillaje y continuó con su clase magistral: «Las mejillas son como los actores de reparto, pero pueden transformarte la cara, según la tonalidad del colorete y cómo se aplique. Es un poco como la iluminación indirecta, supongo. Los ojos son las ventanas a las que pones un marco. Las capas de rímel funcionan como bonitas cortinas».

Mientras me lo explicaba, iba maquillándome con mano experta. «Pero si quieres un cambio de imagen radical e inmediato, lo mejor es que te hagas otro peinado. El pelo cubre mucha superficie y puede peinarse de muchas maneras: te lo puedes recoger o ponerle adornos».

Me recogió el pelo para enseñármelo. «Así que cuando hablas de que es necesario decorar las paredes, es como arreglarse el pelo, ¿no te parece?».

Ah, sí: las paredes. Entonces recordé cómo había empezado todo. Media hora antes le estaba hablando de las paredes cuando ella se puso a darme aquella clase de maquillaje.

Si has terminado de ordenar y te parece que la casa está un poco desnuda, el siguiente paso es decorar las paredes. En términos generales, tu hogar tiene cuatro partes: suelos, paredes, ventanas y puertas. Pero, sin duda, la manera más efectiva de lograr un cambio de imagen instantáneo es centrarte en las paredes. Ocupan mucha superficie, y puedes transformarlas a tu gusto con obras de arte, adornos o lo que a ti te guste.

En las paredes de mi casa tengo unos veinte cuadros, incluyendo algunos pequeños en el aseo y en la entrada. Los hay de todo tipo, desde pinturas al óleo hasta bordados con marcos sencillos, pero son objetos favoritos que conservo de mi época de soltera.

Uno, por ejemplo, es una reproducción de la serie *Nenúfares* de Monet que tengo desde que residí en un piso en Tokio. En esa ciudad tan poblada soñaba con vivir cerca del agua y busqué por todas partes hasta encontrar una imagen del tipo de paisaje que quería ver desde la ventana. Cuando me tropecé con los nenúfares de Monet flotando en un estanque verde esmeralda, sentí amor a primera vista. Aunque solo era un póster barato, le puse un marco del tamaño de una ventana. Ahora está colgado en el aseo, enfrente del lavabo. Ese estanque verde esmeralda sigue alegrándome cada vez que lo veo reflejado en el espejo.

Algunos de mis clientes también han tenido ideas muy interesantes. Una mujer aficionada a observar el firmamento tiene un proyector que, de noche, llena la pared de estrellas. Otra, que no tiene ventana en el comedor, puso cortinas a un póster de un parque inglés para hacer realidad su deseo de contemplar un jardín floreado mientras desayuna.

Dejar las paredes desnudas cuando podemos utilizarlas para crear los paisajes que nos gustaría ver por la ventana me parece un desperdicio. ¿Qué te gustaría ver a ti?

Si has terminado de ordenar la casa pero aún le falta algo, necesitas infundirle alegría. En ese caso, empieza decorando las paredes. Antes de darte cuenta, tendrás un hogar que te llenará de satisfacción.

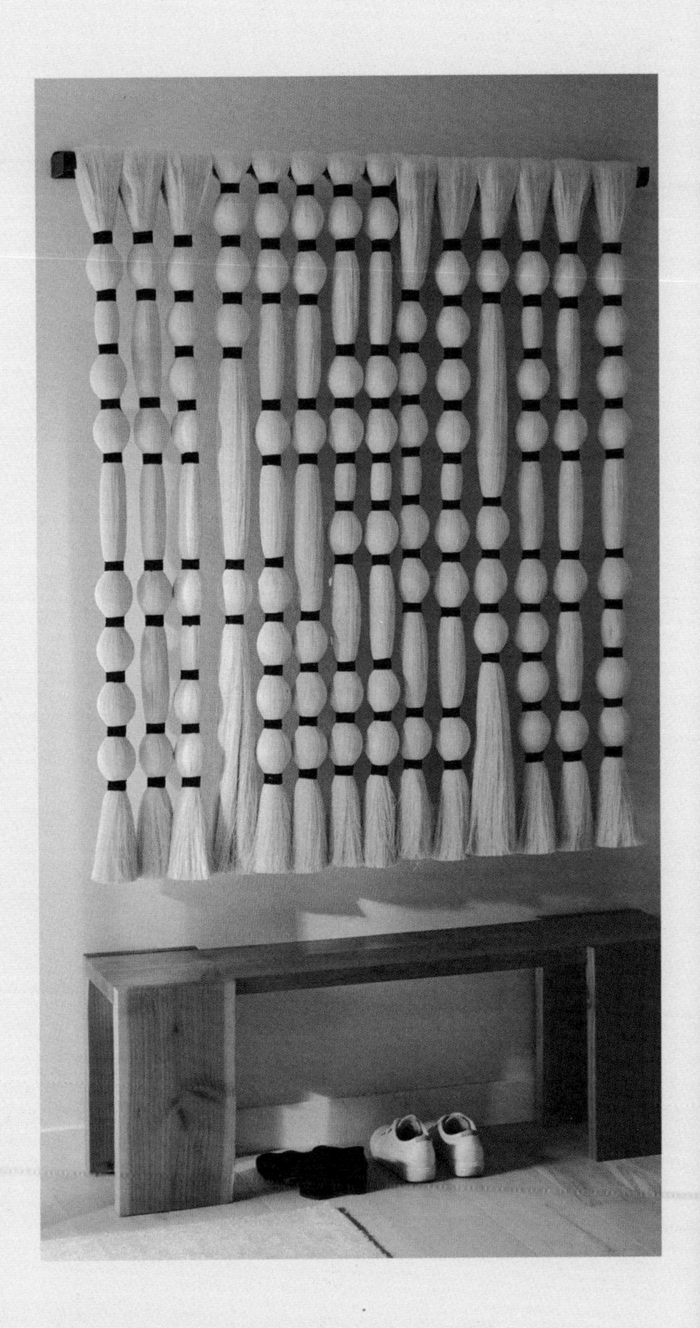

Cultiva la alegría en el exterior

Desde niña, siempre soñé con tener una casa con jardín. Cuando era pequeña vivíamos en un bloque de pisos de una gran ciudad, así que el único espacio exterior era un balcón. En el Japón de aquella época, solo se utilizaban para tender la ropa, así que no había espacio para plantas. Después de casarme, también vivimos en un piso con balcón, pero esa vez pude poner plantas porque teníamos secadora y no necesitábamos tender. Cubrí el suelo de hormigón con palés de madera y coloqué filas de jardineras y macetas para crear mi original jardín. Puedo decir sin temor a equivocarme que es posible disfrutar de la jardinería en un balcón.

Al pensar en tu espacio exterior, es importante que imagines cómo pasarás el tiempo allí. En mi caso, quería admirar las plantas sentada en mi balcón y verlas desde la ventana. Aspiraciones modestas, lo sé, pero era un sueño que quería hacer realidad.

Si vives en un lugar que no es idóneo para tener plantas, como un centro urbano muy poblado o una región árida, puede que quieras pasar el tiempo en tu espacio exterior de otro modo. Tu ideal quizá sea tener una cocina al aire libre con una parrilla o barbacoa, un espacio de meditación o un minigolf. O a lo mejor prefieres sacar una de tus sillas favoritas para tomarte el café por la mañana, colgar una hamaca para echarte una siesta, montar una zona de juegos para tus hijos o poner una mesa para reunirte con la familia y los amigos. Deja volar la imaginación mientras evocas imágenes del estilo de vida que te da alegría.

Si te cuesta imaginar cómo te gustaría pasar el tiempo en tu espacio exterior, te propongo que eches un vistazo a los estilos de vida de otra gente, que leas libros sobre personas que han integrado hermosos jardines en su vida y que mires bonitos patios y terrazas en revistas o por internet. Seguro que encontrarás pistas para utilizar tu espacio. El simple hecho de buscar la clase de jardín o ambiente exterior que encaja con el estilo de vida que quieres puede generarte alegría.

La jardinería es como ordenar

Durante muchísimo tiempo pensé que jamás sería una buena jardinera. Me encantan las plantas de hoja de interior. Cuando vivía en Japón, intenté tener varias, pero fracasé más veces de las que tuve éxito. Me las arreglé para que se me marchitara el árbol del dinero de la entrada, se me secara mi potos neón favorito y se me murieran todas las plantas aromáticas de la jardinera.

Cuando me mudé a Estados Unidos, me sorprendió descubrir que es muy habitual contratar a un jardinero. En nuestra primera casa, que era de alquiler, había un bonito jardín que cuidaba un jardinero profesional. Era tan agradable pasar tiempo entre las plantas y verlas crecer que me invadió un impulso irresistible de probar a hacerlo yo. Comencé con un jardín de hierbas aromáticas, con plantas relativamente conocidas como el romero y la lavanda, que podía usar para cocinar. Cuando empecé a cosechar éxitos, me planteé qué quería cultivar a continuación, como una planta de flor u hortaliza, y poco a poco fui ampliando la clase de plantas que tenía.

En una ocasión ayudé a ordenar un vivero de plantas comestibles como parte de un proyecto para un programa de televisión. Mientras estuve allí describí mi jardín a los trabajadores del vivero y les pedí que me contasen cómo enfocaban su trabajo. Me explicaron que la clave del éxito es probarlo y me animaron a experimentar con lo que me atrajera. También me dijeron que, para tener el jardín de mis sueños, solo necesitaba unos pocos conocimientos básicos sobre, por ejemplo, cómo abonar la tierra y la mejor época para plantar determinadas variedades. Sus ánimos y consejos alimentaron aún más mi pasión por la jardinería.

«Lánzate a probarlo» y «Hazlo con todo el cariño». Estas frases pueden aplicarse tanto para ordenar como para la jardinería. Muchas personas pasan años posponiendo esta actividad, se dicen que algún día lo harán, y eso también me recuerda a ordenar. Imagina tu jardín ideal, diséñalo para que te genere alegría y planta lo que te haga feliz. Recuerda emplear útiles que también te alegren. Busca un desplantador con un diseño bonito o una maceta que te llame la atención. A medida que reúnas aperos que te den alegría, disfrutarás más. De nuevo son los mismos principios que nos hacen felices cuando ordenamos y en nuestra vida cotidiana.

CUATRO

La mañana que te aporta alegría

Tener un buen día depende de cómo nos despertamos y nos ponemos en marcha. Este capítulo te ayudará a reflexionar sobre tu mañana ideal y a centrarte en las prácticas y conductas que te generan alegría.

¿Qué clase de mañana te generaría felicidad para todo el día?

En mi caso, la mejor manera de empezar la jornada consiste en abrir la ventana y dejar que entre el aire. Al despertar por la mañana, somos personas distintas a las del día anterior. El sueño se ha llevado las frustraciones acumuladas y nos sentimos como nuevos. Así pues, lo primero que hago es dejar que el aire fresco termine de despejar mi espacio.

Pongo incienso y elijo aromas como el olíbano, la lavanda o el palo santo, según mi estado de ánimo. En muchos lugares, este humo se usa para purificar un espacio. Por eso se quema en las ceremonias budistas, para ahuyentar la mala suerte. En cuanto me siento renovada, doy los buenos días a mi casa, como haría con mi familia, costumbre que adopté cuando empecé a vivir sola.

Para renovar el cuerpo, me enjuago la boca y hago gárgaras todas las mañanas. Desde hace poco uso aceite ayurvédico como enjuague. Cuando siento la boca limpia, bebo una taza de agua caliente, lo que limpia el estómago antes de desayunar. Si puedo, no como hasta tener hambre, así que dedico un rato a la casa o termino algún trabajo para que el intestino se ponga en funcionamiento. He observado que desayunar después de limpiar el interior estimula mi metabolismo y hace que me sienta más ligera y enérgica.

Solo hacen falta diez días para desarrollar nuevos hábitos

¿Qué hábitos deberíamos adquirir para que nuestros días fueran más alegres?

Quemar incienso, hacer ejercicio y vaciar el bolso al llegar a casa son algunos de los hábitos diarios que he desarrollado. A primera vista, adquirir uno nuevo parece difícil, así que algunas personas se dan por vencidas antes de intentarlo y deciden que es imposible o que están demasiado ocupadas. Crear nuevos hábitos cuesta. Pero, en mi caso, hay una estrategia clave que parece funcionarme: probarlo diez días seguidos. Como el método de organización KonMari, hazlo de manera completa y profunda, en poco tiempo.

¿Por qué no te dará resultado si lo haces una vez cada tres días en vez de diariamente? Porque es el primer paso, el periodo en el que empezamos a cambiar una conducta, el que requiere más energía.

En primer lugar, es más fácil motivarte y perseverar si te marcas una primera meta de solo diez días que si te dices que, a partir de ahora, tendrás que hacer algo todos los días. En segundo lugar, si te acostumbras a realizar una acción cada tres días, tendrás que invertir más energía para hacerla a diario. Dividir el proceso en dos etapas es un esfuerzo inútil.

Aunque al principio pueda parecerte complicado, son solo diez días. Si practicas tu nuevo hábito durante ese tiempo limitado, te resultará más fácil cogerle ritmo. Muy pronto empezarás a cosechar los frutos de tu esfuerzo: quizá sea un hábito que te despeja la mente, te facilita alguna tarea, te ayuda a encontrar sitio para todo lo que posees o te permite relajarte al final del día.

Hace poco adopté el hábito ayurvédico de enjuagarme la boca cada mañana con aceite de sésamo blanco. Al principio, el sabor me dio náuseas y me planteé que quizá no era tan beneficioso como había oído. No obstante, después de hacerlo diez días seguidos, la piel se me puso más suave y me acostumbré a la sensación del aceite en la boca. Lo hago desde entonces.

Por supuesto, si en esos diez días te das cuenta de que no puedes convertirlo en un hábito diario o de que lo disfrutarás más si solo lo haces cada cuatro días, reajusta tu rutina. Si quieres adoptar un hábito, es más fácil ponerte el listón alto desde el principio y experimentar la máxima alegría que puede ofrecerte.

Este enfoque da mejor resultado con cosas para las que no hace falta preparación, como vaciar el bolso cada noche. Mientras que aprender un idioma o tocar el piano requieren años de práctica, si eliges algo que cualquiera puede hacer notarás los efectos casi de inmediato.

Así pues, a partir de hoy, durante los próximos diez días, ¿qué nuevo hábito quieres desarrollar? Si ya has terminado tu festival de organización, estoy segura de que lograrás asentar el hábito que decidas, sea cual sea.

Dedica tiempo a alimentar tu salud con el desayuno

En casa solemos desayunar a la japonesa. Siempre tenemos arroz, que cocemos en una olla de arcilla tradicional conocida como *donabe*, y sopa de miso, así como huevos o sobras de la cena del día anterior. Por tanto, se trata de un desayuno sencillo pero muy nutritivo. Mientras espero a que se cueza el arroz, miro la agenda y reviso las tareas para ese día.

El ambiente que rodea el desayuno es tan importante como el menú. Nos esforzamos por desayunar juntos antes de que nuestros hijos se vayan al colegio, a menudo con música suave de fondo, por ejemplo, música clásica de piano. Eso les ayuda a salir contentos de casa.

Si sueles desayunar en casa, te recomiendo que cuides una serie de detalles para que este momento sea especial. Si permitimos que el teléfono nos distraiga durante el desayuno o nos limitamos a comer lo que haya deprisa y corriendo mientras cogemos las llaves y salimos por la puerta, perdemos la oportunidad de convertir el desayuno en una parte valiosa de nuestra jornada, lo que parece un desperdicio.

Aun así, hay veces que estoy tan ocupada que el único objetivo del desayuno es que todos se llenen el estómago, y empiezo a atosigar a mis hijos para que se den prisa. En momentos como esos hago una pausa para reflexionar y me esfuerzo por hacer del desayuno una experiencia lo más positiva posible.

La sopa de miso de Marie

PARA 4 PERSONAS

3 tazas de agua

1 tira de *kombu* (unos 10 cm)

2 setas *shiitake* deshidratadas

1 taza de tofu en dados (duro o blando, a tu gusto)

1 taza de espinacas bien escurridas, troceadas

1 cucharada de *wakame* deshidratado (opcional)

2 cucharadas de miso casero (receta de la pág. 126) o pasta de miso preparada

Desayunamos sopa de miso a diario. Es muy fácil de preparar; solo necesitas caldo *dashi*, miso y algunas verduras u otros ingredientes. Siempre que puedo, preparo mi propio caldo y pasta de miso desde cero, pero si los compras ya hechos, la sopa también quedará deliciosa. Elaborar tu propia pasta de miso también es fácil (véase mi receta para la versión casera en la página 126). Solo hay que triturar las habas de soja cocidas, añadirles sal y arroz *koji* y mezclarlo todo bien.
A continuación vierte la mezcla en un recipiente hermético y déjala fermentar. Estará lista en unos seis meses. Y dura mucho, así que, si preparas unos cuatro kilos, solo tendrás que hacerla dos veces al año.

Para un caldo *dashi* delicioso y fácil de preparar, la noche anterior, pon en remojo una tira de *kombu* (alga marina deshidratada) y un par de setas *shiitake* deshidratadas. Si tienes poco tiempo, más adelante explico cómo preparar un caldo rápido.

Personaliza tu sopa como te apetezca: me gusta añadirle tofu, espinacas y *wakame*, pero puedes echarle lo que te apetezca.

Vierte el agua en una olla mediana, echa el alga *kombu* y las *shiitake* deshidratadas y déjalas en remojo durante la noche.

Para preparar la sopa, pon la olla a fuego medio. Antes de que el agua rompa a hervir, apágalo y saca el alga *kombu* y las *shiitake* con una espumadera. Córtalas en rodajas finas y vuelve a echarlas a la olla o resérvalas para otro uso.

CONTINÚA

SOPA DE MISO DE MARIE, CONTINUACIÓN

Añade el tofu, las espinacas y el wakame y lleva el caldo a ebullición a fuego medio. Retira la olla del fuego.

Pon el miso en un bol pequeño. Con un cucharón añade caldo poco a poco y remuévelo hasta que el miso se disuelva por completo. Echa el miso en la olla y mézclalo con el caldo.

Vuelve a poner la olla a fuego lento y lleva la sopa casi al punto de ebullición. Retírala del fuego de inmediato y sírvela en boles. Sabe mejor el día que se cocina.

Variación: para preparar un caldo rápido, sustituye el alga *kombu* y las setas *shiitake* por 1 cucharadita de *dashi* en polvo instantáneo o caldo de bonito en polvo. Lleva el agua a ebullición a fuego fuerte. Baja el fuego, añade el polvo y remueve hasta que se disuelva. Continúa como se indica en la receta.

Miso

PARA UNOS 4 KILOS

1 kg de habas de soja secas (ecológicas, a ser posible)

1 kg de arroz *koji* deshidratado

½ kg de sal, y más para espolvorear y apelmazar

Pon las habas de soja en una olla grande con tapa y echa agua tibia hasta cubrirlas. Remuévelas y escúrrelas en un colador. Repite el proceso dos o tres veces, hasta que el agua quede limpia y sin espuma en la superficie. Vuelve a meter las habas enjuagadas en la olla y añade suficiente agua para cubrirlas unos 15 cm. Déjalas en remojo durante la noche o 10 horas como mínimo.

Escúrrelas y vuelve a ponerlas en la olla cubiertas con agua. Llévalas a hervir a fuego fuerte y después bájalo al máximo para que se cuezan a fuego lento, con la olla sin tapar del todo para que salga el vapor, durante 2-3 horas, hasta que estén tan blandas que puedas aplastarlas entre los dedos pulgar

y meñique. Remuévelas de vez en cuando para evitar que se peguen en el fondo de la olla, y añade más agua para cubrirlas si es necesario.

Escurre las habas y reserva el agua de la cocción. Con un pasapurés tritúralas tibias, con piel y todo, hasta que quede un puré homogéneo. También puedes meterlas en una bolsa de plástico y machacarlas con un rodillo o con la palma de la mano. Nota: las habas de soja tibias son más fáciles de triturar que las que se han enfriado, así que date prisa. Cuando tengas el puré, déjalo enfriar hasta los 30 °C como mínimo antes de añadir el *koji*.

En un bol grande incorpora la sal al *koji*. Añade el puré de habas de soja ya frío y mézclalo todo bien con un cucharón. Con las manos haz bolas compactas del tamaño de una pelota de béisbol (unos 8 cm de diámetro). Si la mezcla está demasiado seca para formar las bolas, añádele un poco del agua de cocción de las habas de soja hasta que ligue bien. Mete las bolas en un recipiente hermético grande con tapa, una a una, apretando bien. Compacta el miso dentro del recipiente para que no queden bolsas de aire entre las bolas ni entre el miso y las paredes. Asegúrate de que la superficie esté lisa y sin grumos.

Espolvoréala con una pizca de sal bien repartida y cúbrela con papel film o de horno, apretando bien para que no quede aire entre el miso y el plástico o papel. Encima, coloca una bolsa de sal de 2 kg para apelmazar el miso y tapa el recipiente.

Guárdalo en un lugar fresco y oscuro, como una alacena o un cajón, durante al menos 6 meses antes de abrirlo. Cuando fermente, el miso puede conservarse hasta un año en la nevera, dentro de un recipiente hermético.

Las mañanas en familia son como dirigir una sinfonía

La clave para que nuestras mañanas nos aporten alegría es no sentir que vamos con prisas. Creo que es importante darnos más tiempo del que necesitamos. Mi marido se levanta hacia las cuatro de la madrugada, así que, cuando yo lo hago a las seis, ya ha adelantado bastante trabajo. Despierto a los niños a las seis y media para que empiecen a prepararse para el colegio. Después nos sentamos todos a desayunar tranquilos antes de que ellos se vayan. Esa es nuestra idea de cómo pasar una mañana que nos da alegría.

La clave para ir bien de tiempo es que todo lo que se necesita por la mañana esté siempre en su sitio, un lugar elegido porque es accesible. Los niños, por ejemplo, necesitarán el cepillo del pelo, la mochila y la botella de agua para prepararse para el colegio. Guardamos esos objetos en sitios muy bien definidos para que todo vaya como la seda cuando los despertamos y no perder tiempo buscándolos por toda la casa.

Para estar seguros de que nuestros hijos pueden levantarse con tiempo, los acostamos temprano. Antes de irse a la cama eligen la ropa que se pondrán al día siguiente. Eso reduce el tiempo que necesitan para prepararse por la mañana. Si se quedan dormidos y disponemos de menos tiempo, cambiamos el menú y desayunamos alimentos fáciles de comer con la mano, como bolas de arroz rellenas de algo nutritivo. De ese modo no tenemos que atosigarlos para que se den prisa.

Independientemente de si tienes hijos, el enfoque es el mismo. Plantéate qué puedes hacer por la noche para evitar ir con prisas por la mañana y después prepárate con antelación para que todo marche lo mejor posible. Si tienes tiempo, seguro que tu mañana te generará alegría.

¿Por qué no regalarte una mañana fantástica en la que no falte tu música favorita?

Plantéate cómo puedes personalizar tu mañana

En este capítulo describo la que considero que es una mañana ideal ahora que mi familia y yo vivimos en Estados Unidos. Ha variado un poco, a la par que mi estilo de vida, ya que he pasado de vivir sola a estar casada y después he sido madre. No obstante, el paso del tiempo continúa siendo el mismo.

Por supuesto, no logré mi ideal desde el primer momento. Para serte franca, mis mañanas eran tan frenéticas cuando estaba sola que a menudo ni siquiera recordaba qué había hecho. Si encima me dormía, la mañana se me quedaba en nada.

No obstante, un día me senté a reflexionar sobre cómo sería mi mañana ideal.

Abrí una libreta y escribí cómo me gustaría empezar el día; incluí un horario y una fotografía de un desayuno delicioso que encontré en una revista. De vez en cuando miraba aquella página, hasta que, poco a poco, casi me olvidé de ella. Un buen día me di cuenta de que mis mañanas eran idénticas a mi ideal.

Basándome en mi experiencia, pienso que crear momentos de alegría entre la hora a la que nos levantamos y la hora a la que salimos de casa o nos ponemos a trabajar puede aumentar de manera exponencial la alegría que sentiremos el resto del día.

Por supuesto, prepararse para salir de casa a un ritmo pausado no es el ideal de todo el mundo. Una de mis clientas me dijo que el suyo es salir a la calle diez minutos después de levantarse y pasar un rato fuera de casa antes de entrar a trabajar. Lo prepara todo la noche anterior, se ducha, viste y maquilla en diez minutos, y desayuna en una cafetería. Quizá pienses que tu mañana ideal es un sueño inalcanzable, pero, cuando terminas de ordenar tu casa, a menudo ocurre de manera natural.

¿Cómo te gustaría empezar el día? ¿Qué clase de mañana te ayudaría a sentir más alegría durante toda la jornada?

Utiliza la menor cantidad de productos de limpieza posible

Cuando estaba en la universidad, tuve una fase en la que me dio por limpiar la casa cada vez que salía mi madre. El motivo no era que quisiera tener un detalle con ella, sino más bien que no podía dominar mi compulsión por ordenar. No satisfecha con recoger mi habitación, limpiaba para no ponerme a ordenar las de los demás. Utilizaba lejía para el desagüe del fregadero, restregaba la grasa de la campana extractora, pasaba un trapo por los alféizares de las ventanas y disfrutaba quitando el polvo en el que nadie había reparado, usando distintos productos de limpieza para eliminar cada clase de suciedad.

No obstante, ahora apenas tengo productos de limpieza en casa. Hay uno para la cocina, otro para el cuarto de la lavadora y un tercero para el baño, además de una bolsa de bicarbonato sódico. No uso nada para la bañera. Después de vaciarla, le paso agua fría de la ducha para enfriarla y la seco con un trapo que solo uso para eso. Rociar la bañera con agua fría es una costumbre que aprendí de mi madre, pero decidí dejar de usar productos de limpieza porque el olor químico no me gusta. No parece que esa decisión haya cambiado nada. No obstante, le hablo a la bañera mientras la seco, haciéndole comentarios como: «Este baño me ha dejado como nueva» o «Es asombroso lo limpia y sin moho que estás siempre».

Antes también utilizaba un producto para el suelo, pero ahora solo le paso un trapo húmedo. Uso trapos blancos de algodón normales y corrientes. No duran mucho blancos, y verlos sucios no me alegra, pero lo paso por alto. Los lavo y seco a fondo, los doblo según los mismos principios que sigo para doblar la ropa y los guardo en su caja de una manera que me da alegría. Cuando están roñosos, los utilizo para limpiar las mosquiteras de puertas y ventanas antes de tirarlos.

Tampoco uso ningún producto para la vitrocerámica; solo le paso un paño húmedo caliente, costumbre que aprendí de uno de mis clientes. Es fácil quitar el aceite y la grasa si limpias la cocina justo después de usarla con un trapo empapado en agua fría o caliente que hayas escurrido bien.

Creo que una de las claves para una limpieza fácil es utilizar los productos justos. Por supuesto, algunas personas, como los limpiadores profesionales, emplean un arsenal de productos para atender necesidades concretas, mientras que otras los usan de forma esporádica, por ejemplo, para eliminar la suciedad incrustada. Si eres de los que disfruta coleccionando y probando diferentes productos de limpieza, es fantástico que eso te genere alegría.

En mi caso, lo que me hace feliz es un método sencillo que solo requiera un producto de limpieza para no tener que pensar o elegir. Por suerte, ahora es fácil encontrar productos multiuso que respetan el medioambiente.

Si cuando revisas tus productos de limpieza descubres que no usas algunos, ¿por qué no te deshaces de ellos y experimentas con un método más sencillo? Ver un armario ordenado que ya no contiene productos innecesarios puede motivarte a limpiar. Antes de que te des cuenta, tu sueño de tener un hogar limpio y reluciente que rebosa alegría se hará realidad.

CINCO

El día que te aporta alegría

Para que tu día te genere la mayor alegría posible, piensa en todo aquello a lo que dedicas tiempo, desde los recados que haces hasta las personas con las que interactúas. Si aprendes a identificar qué te aporta alegría en tu vida y en qué gastas una energía preciosa, podrás ordenar tu rutina y gozar de los cambios que están por llegar.

Selecciona tus actividades y rutinas

¿Tienes días más ajetreados de lo que quisieras? ¿Alguna vez sientes que no puedes más o que hay demasiadas tareas pendientes?

A veces me ocurre. En esos momentos reflexiono sobre cómo aprovecho el tiempo. Miro la agenda y anoto todo lo que suelo hacer. Después valoro si estoy perdiendo el tiempo en tareas poco importantes y si puedo eliminar algunas.

Anotar todas nuestras actividades diarias, lo que incluye el trabajo, las reuniones, las tareas domésticas, otras, los *hobbies*, el ocio, las clases, el ejercicio y el tiempo dedicado a la familia y a los amigos, nos ayuda a identificar qué maneras de pasar el rato nos brindan alegría. Mediante esta reflexión, quizá descubramos que hemos desarrollado hábitos innecesarios, como leer sin parar las noticias online, quedarnos atrapados en tiendas virtuales mientras buscamos otra cosa o entrar en la cocina para picar algo cada vez que pasamos por delante.

Poner por escrito a qué dedico el tiempo me ayuda a identificar áreas en las que lo pierdo. También hace que me plantee cómo podría aprovecharlo mejor, por ejemplo, cambiando mi manera de enfocar las tareas del hogar o el orden en el que preparo una comida. Siempre me aseguro de comprobar si estoy reservando ratos para relajarme y descansar. Darme tiempo para desconectar mejora mi eficiencia al emprender mis tareas diarias.

A veces reflexiono sola, pero también lo hago con mi marido. Eso me ayuda a reconocer hábitos que tiendo a pasar por alto. Si detecto una mala costumbre, como la tendencia a picar más de la cuenta cuando estoy con mi familia, lo digo. La próxima vez que mi mano pique algo de forma mecánica, es más probable que me dé cuenta antes de ponerme a masticar. Por eso te recomiendo que informes a tu familia de qué hábitos quieres dejar: es más probable que los detectes y te controles.

Anotarlo todo o hablar con alguien sobre cómo aprovechamos el tiempo puede ayudarnos a ser más conscientes de la increíble cantidad de tiempo que desperdiciamos.

Tras revisar su horario, una de mis clientas se dio cuenta de que quería dedicar más tiempo a su familia. Empezó a comunicarse más con ellos y se organizó para visitar a los que vivían lejos. Cambiar su manera de aprovechar el tiempo la acercó a sus parientes y estrechó los lazos que los unen.

Echa un vistazo a todas las actividades que realizas. ¿Merece la pena hacerles un hueco en tu vida? ¿O preferirías reorganizar la jornada para dedicar tiempo a algo de más valor?

Ordenemos la manera de aprovechar el tiempo para dedicar la vida a lo que nos llena de alegría.

REFLECTION
III
INTENTION
SELF-CARE

Crea un horario familiar armonioso

Criar a los hijos puede ser todo un reto para los padres. Si eres padre o madre, créeme que te entiendo. Una eterna cuestión es cómo compaginar el trabajo con su cuidado, mientras que otra es cómo crear un sistema de apoyo con tu familia y las personas que te rodean.

En nuestro caso, tener un horario familiar armonioso pasa por asegurarnos de que cada uno dispone de un rato a solas para centrarse en lo que necesita. Como muchos elementos del horario de nuestros hijos no pueden modificarse, nos adaptamos a ellos. Acostarse siempre a la misma hora y levantarse a las cuatro de la madrugada para trabajar parece ser lo más conveniente para el ritmo de mi marido. Yo, en cambio, prefiero terminar las tareas importantes cuando ellos no están. Ajustamos nuestros horarios de trabajo para que uno pueda atenderlos cuando llegan a casa. Por supuesto, cuando los dos viajamos por trabajo, lo arreglamos para que alguien los recoja en el colegio y se quede con ellos hasta nuestro regreso.

Cada persona tiene su propio ritmo. A unas les resulta más fácil sacar tiempo por la mañana temprano. Otras rinden más por la noche. Lo importante es que los padres hablen entre ellos y se aseguren de reservarse un rato a solas en las horas del día en las que más se concentran. En vez de suponer que ser padres significa no tener nunca un momento para nosotros, necesitamos cambiar de mentalidad y disfrutar el desafío de incluir ese rato en nuestra jornada.

Enseña a tus hijos a ordenar en su rato de juegos

En nuestra familia, las tareas del hogar y ordenar forman parte del rato de juegos de nuestros hijos. Antes intentaba terminar todas las tareas mientras los niños estaban en el colegio, pero eso me impedía ponerme a trabajar y tenía que hacerlo después de que llegaran. Pero un día pensé que debía hacer las tareas del hogar con ellos.

Cuando coso un botón, mis hijos también quieren probar, de manera que les dejo coser uno en la chaqueta de un peluche. Cuando doblo ropa, anuncio «¡Hora de doblar la ropa!», y se apuntan de inmediato. Después podemos decidir que es hora de merendar.

También integramos el orden en su rato de juegos. Si deciden que quieren dibujar mientras están jugando con los bloques de construcción, les digo: «Pero antes tenemos que ponerlos en su sitio, ¿vale?». Ordenar sobre la marcha se ha convertido en una parte natural de su rato de juegos. Cuando acaban, les dejamos ver la televisión. Como saben que antes tienen que ordenar, se dan prisa en recogerlo todo. Ordenar es fácil porque todos sus juguetes tienen un sitio fijo y solo hay que colocarlos allí.

Para nuestros hijos, ordenar se ha convertido en una parte normal del día en lugar de ser algo que «tienen» que hacer aunque lo odien. Creo que la razón es que, desde que eran pequeños, tenemos la costumbre de ordenar antes de pasar al siguiente juego o actividad.

Si nos parece que están acumulando demasiados juguetes, donamos algunos. Como siempre decidimos dónde poner cada nuevo juguete, ellos tienen claro que nuestro espacio de almacenamiento es limitado. «Hemos comprado este juguete nuevo —les digo—, pero mirad, no hay espacio para ponerlo. Tendremos que renunciar a uno de los juguetes viejos, uno con el que ya no juguéis, para hacerle sitio». Luego les propongo dárselo a alguien que jugará más con él o les pregunto si al juguete le haría feliz convertirse en regalo.

Si quieres quedarte con juguetes o ropa de bebé para tu próximo hijo, decide dónde vas a guardarlos. Cuando ordenas, es importante afrontar el hecho de que el tamaño de tu casa y tu espacio de almacenamiento son limitados. Lo que decides conservar reduce la superficie. En nuestra casa, por ejemplo, hemos destinado un espacio para las dos cajas de ropa que guardamos para nuestro próximo hijo. Si sabemos de cuánto espacio de almacenamiento disponemos, identificamos qué debemos conservar.

Guarda los juguetes de forma intencionada

Cuando ordeno los juguetes, utilizo una combinación de cubos para los grandes y cestas y cajas para los de menor tamaño. Los guardo todos de pie, por categorías. Eso me permite ver dónde va cada uno y cuántos tenemos, y a nuestros hijos les cuesta menos ordenar por su cuenta.

Para guardar cosas pequeñas, recomiendo las cajas. Pueden utilizarse de dos maneras: de la forma convencional (con tapa para tener varios objetos juntos) o usar las tapas como bandejas o separadores y las cajas como recipientes. Por ejemplo, puedes emplear una caja alta para meter rotuladores, purpurina, pegamento o lápices de colores, y usar la tapa para objetos más pequeños, como sellos o imanes. Las bolsitas con cremallera son ideales para que no se arruguen, por ejemplo, las pegatinas y las figuras de papiroflexia, y pueden colocarse en vertical en una cesta. Puedes incluso usar bolsas más grandes para meter las piezas de los juegos de mesa, lo que elimina la necesidad de guardar sus grandes cajas.

Coloca los juguetes que generan más alegría en un estante que esté al alcance de tus hijos. Esa colección tan bien escogida los motivará a jugar. Puedes ir cambiando los juguetes para que siempre les parezcan nuevos.

Mantén el orden en tu vida laboral

Por experiencia, ser adicto al trabajo en algún momento de tu vida no siempre es malo. A los veinte años daba tres clases de organización diarias. Cada una duraba cinco horas, así que trabajaba desde las seis de la mañana hasta las once de la noche. Pero era joven y quería dedicar ese periodo de mi vida a trabajar.

Encontrar un equilibrio cómodo entre el trabajo y la vida personal no solo diferirá de una persona a otra, sino que también dependerá de la etapa de la vida en la que cada una se encuentre. Lo importante es que pienses bien qué estilo de trabajo quieres en este momento y qué equilibrio entre el empleo y la vida personal te parece adecuado.

Por ejemplo, si un proyecto concreto es uno de los más importantes de tu carrera y no te importa dedicar solo el 20 por ciento de tu jornada a tus intereses, puedes organizar el horario y esa etapa de tu vida para dar prioridad al trabajo.

Tenemos que evitar dedicarnos en cuerpo y alma a él porque nos sintamos frustrados o porque no tengamos claro que eso sea lo que deberíamos estar haciendo. Cuando trabajamos sin un propósito o dirección y nos dejamos llevar por la corriente, terminamos sintiéndonos presionados. En ese momento debemos pararnos y reflexionar sobre nuestro estilo de vida.

En cuanto empecé a compaginar el trabajo con ser madre, no pude seguir el ritmo de mi época de soltera. Aunque estaba acostumbrada a trabajar muchas horas, no tuve más remedio que bajar el ritmo. Sin embargo, disponer de un tiempo limitado puede ayudarnos a aprovecharlo. Igual que un espacio de almacenamiento limitado nos

ayuda a decidir qué guardar y dónde, las limitaciones de tiempo me facilitaron la tarea de organizarme.

¿Cuánto tiempo al día dedicas a cada tarea relacionada con el trabajo? ¿Cuánto trabajas en una semana? ¿Cómo te organizas para conseguirlo? ¿Qué parte de tu trabajo te genera más alegría? ¿Hay tareas que haces por costumbre de las que podrías prescindir? ¿Hay otras en las que podrías ser más eficiente? ¿Podrías eliminar algunas reuniones? ¿Qué puedes cambiar para tener más tiempo de relax? Tómate un momento para reflexionar sobre tu trabajo diario.

Para disfrutar de tu vida laboral encuentra el equilibrio que te parezca más adecuado.

Disfruta de tus desahogos creativos

Permite que me ponga un poco filosófica en este apartado. ¿Cuál consideras que es el propósito de tu vida?

En última instancia, creo que el propósito de la vida es ser feliz y realizarse. No lo digo en el sentido egoísta de «yo primero». Cuando irradiamos un aura de felicidad, esa energía positiva se contagia a quienes nos rodean y hace del mundo un lugar mejor. Para lograr esa meta elevada, todos necesitamos hallar la felicidad en armonía con quienes nos rodean. Así pues, ¿qué necesitamos en nuestra vida cotidiana para que esto sea posible? Creo que un factor es descubrir nuestros desahogos creativos y disfrutar de ellos.

Pensar en lo que siempre hemos querido probar o en aquello que nos gustaba hacer de pequeños puede darnos una idea de qué actividades creativas nos llenan. Por ejemplo, tras nacer mis hijos, me encantaba pasar tiempo con ellos mientras cosía o tejía. Eso me recordó lo que me gustaba hacer de niña, incluido ordenar. Cuando se convirtió en mi profesión, me di cuenta de que me gustaba desde la infancia.

Tomarnos tiempo para llegar a esta clase de reflexiones puede ayudarnos a redescubrir nuestra alegría interior. Es normal olvidarnos de lo que nos gustaba hacer de pequeños al hacernos mayores. Pero si nos paramos a analizar nuestras tendencias naturales, descubriremos que están relacionadas con lo que nos genera alegría.

Te recomiendo que te preguntes qué desahogos creativos te generan alegría y después aumentes el tiempo que dedicas a disfrutar de ello. Conectar con tu creatividad, como aprender a tocar un instrumento o pintar, es una manera estupenda de experimentar más alegría a diario.

Guarda los *komono* según su función

Aunque hay *komono* en casi todos los hogares, la cantidad de categorías es apabullante, por lo que despiertan la mayoría de las preguntas de mis clientes. No obstante, la más habitual es, con diferencia: «¿Cómo puedo guardarlos de una manera que me dé alegría cuando tengo tantos?».

El principio básico para guardar los objetos es hacerlo por categorías, de manera que el primer paso consiste en clasificar los *komono*: artículos de papelería, cables, medicamentos y herramientas, por ejemplo. Cuando estén categorizados, te sugiero que guardes cerca los que pertenezcan más o menos la misma clase. Por ejemplo, podrías tener los cables cerca del ordenador o de la cámara fotográfica porque todos son eléctricos. O, como hacen algunos de mis clientes, guardar cerca del ordenador los *komono* que uses a diario, como los artículos de papelería, y después identificar cada categoría sucesiva como si fuera un juego de asociación de palabras. Aunque a primera vista las categorías de *komono* parecen muy definidas, a menudo se superponen y se mezclan como los distintos tonos de un color, así que, cuando guardes categorías similares cercanas, imagina que estás creando un bonito arcoíris en casa.

Uno de los momentos más entretenidos del proceso de organización puede ser pensar dónde vas a guardar *komono* relacionados con tus *hobbies*, como los accesorios de costura, las pinturas y pinceles o las colecciones de pegatinas. Como estos artículos generan alegría por sí mismo, céntrate en hacer que incluso el mero hecho de abrir las cajas donde los guardas te produzca placer. Para ello, te sugiero que uses contenedores especiales, como bonitas cajas antiguas o recipientes muy bien elegidos. Yo tiendo a ser muy selectiva, por lo que en este momento no tengo muchas cajas para mis *hobbies*. Pero está bien dedicarle más tiempo, porque escoger tus *hobbies* e intereses, así como las cajas en las que quieres guardarlos, es muy placentero.

Hace poco empecé a bordar con nuestros hijos. Encontré unas preciosas tijeras antiguas que lo hacen incluso más entretenido. Me encanta curiosear en tiendas de antigüedades para elegir cosas así, pero, cuando no tengo tiempo, recurro a internet. Estoy segura de que aquellos a los que os encantan los trabajos manuales entendéis cuánta alegría me da el tiempo que me paso buscando.

Quizá te preocupa haber acumulado demasiados objetos relacionados con *hobbies*, pero soy una firme partidaria de eso. No hay necesidad de tirar lo que te da alegría. Aunque te lleve más tiempo, te animo a guardarlo como te haga feliz.

El movimiento hace fluir la energía

Cada mañana, después de mandar a nuestros hijos al colegio, ordenar la cocina y poner una lavadora, mi marido y yo salimos a dar un paseo. Aprovechamos ese rato para ponernos al día. A menudo, también nos sirve como reunión de trabajo.

He descubierto que si integro el ejercicio en mi rutina de esta manera tan agradable y productiva, es más probable que lo mantenga.

En caso de que odies hacer ejercicio, piensa: ¿qué movimiento te genera alegría? A unas personas les encanta bailar y a otras las motiva pasear por la naturaleza. Algunas (como yo) prefieren centrarse practicando yoga por la mañana o por la noche, o hacer ejercicio a diario limpiando o pasando el aspirador.

¿Qué movimientos te generan alegría? ¿Cómo puedes convertirlos en una práctica diaria para desbloquear la energía de tu cuerpo? Estos movimientos pueden convertirse en tu fuente de vitalidad personal.

Limpiar el suelo es un momento perfecto para meditar

En Japón es habitual que los niños de primaria se ocupen de limpiar su clase y los pasillos del colegio. Una de las tareas consiste en fregar el suelo. Ponen los pupitres y las sillas contra la pared y cogen un trapo húmedo. Adoptan una postura parecida a la del perro boca abajo de yoga, con las rodillas ligeramente flexionadas y los brazos y la espalda rectos, y van de un extremo al otro del aula pasando el trapo por todo el suelo. Cuando terminan, está reluciente. Al haber crecido en esa cultura, siempre limpio el suelo de esa manera después de pasar el aspirador.

En un libro sobre el tratamiento oriental llamado *seitai* —que combina la digitopuntura con el masaje quiropráctico— leí que la manera japonesa de limpiar el suelo es fantástica para reparar contracturas musculares y restaurar el equilibrio. Me parece razonable porque, después de hacerlo unos cinco minutos, la respiración se me regula, la espalda se me endereza y me siento mucho mejor. Cuando tenemos el cuerpo bien alineado, nos sentimos renovados en nuestro centro emocional y mental, se nos ocurren soluciones con mayor facilidad y las preocupaciones menores dejan de agobiarnos. En ese sentido, limpiar el suelo es como practicar yoga o meditación mientras arreglas la casa.

Cuando empecé a limpiar el suelo de esta manera me di cuenta de que se había convertido en una forma de dialogar con mi hogar. El suelo es la base de la casa. Limpiarlo a mano me ayuda a conectar con él, y eso hace que lo aprecie todavía más. Cuando me centro en lo agradecida que estoy a mi casa por el sostén que me brinda, ella parece reaccionar y el suelo limpio parece estar templado.

Por supuesto, contratar a limpiadores profesionales o usar una fregona, sobre todo en una casa grande, nos ayuda a aprovechar mejor el tiempo. Desde que vivo en Estados Unidos, también contrato a limpiadores profesionales. Pero limpiar el suelo me gusta, así que a veces aún me arrodillo y lo limpio como una agradable forma de hacer ejercicio.

Según la filosofía del *feng shui*, limpiar el suelo, la base de la casa, atrae buenas nuevas y mejora nuestra suerte en los negocios. Si te enfadas o tienes menos oportunidades que antes para salir a hacer ejercicio, ¿por qué no pruebas a limpiar el suelo con un trapo? Es bueno para la mente, para el cuerpo y para tu casa. Y quién sabe, puede que mejore tu suerte.

ときめく暮らし
朝のすごし方 ←
tea time
夜のすごし方

Haz una pausa para tomar un té

Tres veces al día hago una pausa para tomarme un té: una por la mañana, cuando los niños se van al colegio, otra por la tarde, para desconectar un rato del trabajo; y la última antes de acostarme. Mientras me lo tomo, evito mirar el móvil o el portátil. Me siento en el sofá, me relajo y escucho música clásica.

Trabajar muchas horas seguidas reduce nuestra eficiencia. Cuando estamos cansados física y mentalmente, es fácil que nos quedemos atascados en una idea y que no dejemos de darle vueltas a lo mismo. Tomarse un momento de relax para disfrutar de una buena taza de té es una estupenda manera de avanzar.

Así pues, prográmate ratos de descanso desde que empieza el día. Incluso diez o quince minutos se notan. Por supuesto, puedes hacer otro tipo de pausa. Piensa en lo que te renueva. ¿Una vuelta a la manzana? ¿Una meditación breve? ¿Un expreso a primera hora de la tarde?

Como a mí me alegra el té, me aseguro de tener de distintas clases, incluyendo té negro, matcha, chino y otras infusiones. Según el día, elijo la que más se ajusta a mi estado de ánimo.

Té matcha con leche

PARA 1 PERSONA

¼ de taza de agua

1 cucharada de té matcha en polvo

1 taza de la leche que prefieras

edulcorante al gusto

Hoy, el té matcha, té verde tradicional en polvo, está de moda incluso en Estados Unidos. Cuando lo tomo, me gusta prepararlo de forma ceremoniosa, con el tradicional batidor de mano de bambú y la cuchara medidora. Todos los movimientos —desde dosificar el té hasta batirlo y bebérselo— son relajantes, como una meditación, lo que hace que este rato sea aún más especial. Una de nuestras últimas adquisiciones es una máquina que muele el té y lo convierte en un delicioso té matcha con leche. Pero como verás a continuación no necesitas ningún sofisticado aparato para preparártelo en casa.

Calienta el agua a 80 °C o hasta que rompa a hervir. Con un colador de malla fina tamiza el polvo de té matcha en una taza. Añade el agua caliente y bate hasta que el té y el agua estén bien mezclados y espumosos. Calienta la leche y usa el vaporizador de una cafetera exprés, un espumador eléctrico o uno manual para que haga espuma. Incorpórala a la taza y vuelve a batir. Añade edulcorante al gusto y bébete el té de inmediato.

Valora las relaciones y las actividades sociales que te alegran el corazón

¿Las relaciones que mantienes en tu vida te hacen feliz?

Si queremos que la vida nos genere alegría, debemos pensar en nuestras relaciones con la familia, así como en las que mantenemos con compañeros de trabajo, amigos, vecinos y las personas de los grupos que frecuentamos. Tómate tiempo para reflexionar sobre ellas.

Si crees que determinada relación no te genera alegría, te recomiendo que analices las posibles causas y que te preguntes con sinceridad cómo te sientes. Quizá averigües qué generó tensión entre vosotros o te des cuenta de que vuestras diferencias de carácter dificultan que os llevéis bien. En esos casos, puede ayudarte pensar en estrategias para calmar la mente cuando estés con esa persona. Por ejemplo, podrías proponerte saludarla siempre que te cruces con ella. Si no hay manera de que os llevéis bien, quizá sea mejor que te alejes de esa persona. Mientras reajustas tus relaciones de este modo, es importante que te centres en forjar otras que te generen alegría.

En mi caso, otro punto importante es prestar atención a las personas decisivas de mi vida y valorarlas como se merecen. Alguien me dijo una vez que anota los nombres de todas las personas a las que está agradecido. Me pareció una idea tan bonita que la adopté. La recomiendo encarecidamente. Escribe sus nombres en un cuaderno mientras recuerdas lo que hacen por ti y de qué forma te apoyan. Al recordarte cuánto las aprecias, cobrarás conciencia de lo valiosa que es vuestra relación y empezarás a tratarlas con más amabilidad, dándoles las gracias y llamándolas más a menudo. Eso facilitará mucho tus relaciones.

Aportar a la comunidad promueve el agradecimiento

Contribuir a la comunidad parece ser una parte fundamental de la cultura de Estados Unidos, una actitud que he llegado a valorar aún más desde que vivo en ese país. Cuando ayudé a una comunidad a limpiar la iglesia, por ejemplo, por la manera en la que todos arrimaban el hombro me quedó claro que se apoyaban entre ellos como barrio y recordé la importancia de este acto tan natural.

Ya no vivo en Japón, pero todavía pienso en cómo puedo hacer algo por mi país. Una manera de contribuir es dar a conocer su maravillosa artesanía y cultura. Por supuesto, compartir el método KonMari, que surgió de mis raíces culturales japonesas, es mi mayor contribución. Pero también puedo difundir otras cosas. Un ejemplo son las hermosas ollas de barro (*donabe*) y las tradicionales cajas para *bento*. En vez de solo utilizarlas en mi vida, puedo presentarlas a un público más amplio a través de mi tienda virtual. Asimismo, para compartir mi algodón japonés orgánico favorito, puedo colaborar con diseñadores para que fabriquen, por ejemplo, fundas de ropa o paños de cocina. También puedo difundir las tradicionales prácticas culturales japonesas, como el arte de los arreglos florales, la ceremonia del té y la costumbre de dejar los zapatos en la entrada. Aunque ya no vivo en Japón, puedo seguir contribuyendo. La idea de que puedo hacer algo por el país en el que nací y crecí me da alegría.

Cuando te plantees cómo puedes contribuir a la sociedad, un buen punto de partida es pensar en la clase de comunidad a la que perteneces y preguntarte qué podrías hacer por ella. ¿Qué puedes

aportar? ¿Cómo puedes ayudar? ¿Hay organizaciones a las que puedes donar? Aunque en este momento no encuentres la manera de ayudar, piensa en cómo expresar tu gratitud a quienes sí lo hacen. ¿Qué puedes hacer para que la gente de tu comunidad sea más feliz? ¿Puedes aportar un nuevo método o tecnología que ayudaría a que todo funcionara mejor o proponer que se elimine un método obsoleto que ya no satisface las necesidades de la comunidad?

Piensa en cómo contribuir a la sociedad para que todos los días te generen alegría, pero no solo a ti, sino también a quienes te rodean.

SEIS

La noche que te aporta alegría

Para asegurarnos de que tus noches te generen alegría, echemos un vistazo a cómo pasas el tiempo desde la cena hasta que te acuestas. ¿Cómo te gustaría acabar el día?

Las recetas favoritas de la familia favorecen la comunicación y promueven la salud

Si vives con tu familia y quieres que la hora de la cena os genere alegría, pregúntate cómo podéis sentaros a la mesa todos juntos. Si vives solo, piensa cómo puedes aportar alegría a tu entorno. Por ejemplo, elige un mantel o tapete que te encante, pon la mesa como a ti te gusta, usa soportes bonitos para los palillos chinos o coloca un jarrón de flores en ella. Conectar con la familia o con uno mismo al final de un día ajetreado no tiene precio. Cuando varias personas comen juntas, es agradable compartir qué le ha alegrado el día a cada una.

Como los desayunos, nuestras cenas casi siempre son a la japonesa. Para asegurarnos de que nuestra familia coma platos saludables que le brinden alegría, preparamos menús que incluyen alimentos fermentados y que tienen un buen equilibrio de verduras y proteínas. Nuestros hijos aún son pequeños, pero les encantan mis espinacas con salsa de sésamo. Otro plato que les gusta mucho son las alitas de pollo con vinagre negro, un plato que me enseñó mi madre.

Si tienes recetas de tus padres o abuelos anotadas en hojas sueltas o en fichas, ¿por qué no aprovechar la oportunidad para que queden más bonitas? Busca y adorna una carpeta o caja que te guste, o diseña tu propio archivador. Así no solo tendrás todas las recetas juntas, sino que también las guardarás de una manera que te generará alegría.

Si todas las que tienes son de libros de cocina, pero solo te interesan algunas, reúnelas en un álbum. Por supuesto, no tienes que desmontar los libros que te gusten mucho (me quedan varios completos). Pero si hay alguno que usas poco o que no parece encajar con tu estilo de vida actual, puedes confeccionar tu original recetario lleno de alegría copiando y juntando las recetas o fotografías que te gustan.

Si averiguas qué recetas te generan verdadera alegría, podrás crear un repertorio de comidas que no solo nutran tu cuerpo sino también tu conexión con los demás.

simple
DIANA HENRY
NOURISH ME HOME
HOW TO EAT A PEACH
DIANA HENRY
kitchen matters
WATERS
THE ART OF SIMPLE FOOD II
POTTER
SUNDAY SUPPERS AT LUCQUES
«IN THE GREEN KITCHEN»
ALICE WATERS
THE WAY WE EAT
ASSOULINE
Green Kitchen at Home
David Frenkiel and Luise Vindahl
Eat, Reset, Heal
THE CLEAN PLATE
GWYNETH PALTROW
CRAPANZANO
EAT. COOK. L.A.
ADEENA SUSSMAN
sababa
FALASTIN
MEXICO
THE COOKBOOK
SPICE
ANA SORTUN
TURISMO Y GASTRONOMÍA

ENCYCLOPEDIA OF HERBAL MEDICINE
PLENTY MORE
THE BOTANICAL BIBLE
THE FLAVOR EQUATION
Amy Chaplin
Whole Food Cooking Every Day
Cannelle et Vanille
ARAN GOYOAGA
Bavel
Super Natural Cooking
Salad for President
ABRAMS
HIGH VIBRATIONAL BEAUTY
Deborah Madison
IN MY KITCHEN
my father's daughter
IT'S ALL EASY
GWYNETH PALTROW
DINNER AT THE LONG TABLE
SUNDAY SUPPERS
A Year of Family Recipes
LESLEY WILD
shine
GJELINA
McFADDEN
Six Seasons
COOK BEAUTIFUL
FROM THE OVEN TO THE TABLE

Espinacas con salsa de sésamo

PARA 4 PERSONAS

1 cucharada de semillas de sésamo blanco tostado

una pizca de sal

6 tazas de espinacas bien escurridas

1 y ½ cucharadita de salsa de soja

Las espinacas son ricas en hierro, y las semillas de sésamo, antioxidantes. Nutritivo y fácil de preparar, este plato es un clásico de la cocina casera japonesa.

Muele las semillas de sésamo en un mortero o en un molinillo de especias.

Lleva a hervir una olla de agua mediana a fuego fuerte y añade la sal. Echa las espinacas y escáldalas de 45 a 60 segundos, hasta que adquieran un color verde fuerte y empiecen a estar tiernas.

Escúrrelas con un colador y pásalas por agua fría antes de que se ablanden demasiado. Estrújalas para que suelten toda el agua, córtalas en trozos de unos 5 cm y colócalas en una fuente.

En un bol pequeño mezcla las semillas de sésamo molidas con la salsa de soja. Vierte la salsa de sésamo sobre las espinacas y mézclala con unas pinzas. Sirve de inmediato.

El guiso de alitas de pollo con vinagre negro de mi madre

PARA 4 PERSONAS

Cuando yo era una niña, mi madre solía cocinarme esta receta rica en proteínas. Ahora continúo con la tradición y se la sirvo a mi familia con frecuencia. Si no tienes salsa de ostras, puedes sustituirla por más vinagre negro.

2 cucharadas y 2 cucharaditas de salsa de soja

12 alitas de pollo

4 cucharaditas de aceite de sésamo o de oliva

1 trozo de jengibre sin pelar de unos 2,5 cm, en 4 rodajas

1 diente de ajo picado (opcional)

4 tazas de agua

4 cucharadas de vinagre negro o del vinagre que elijas

4 cucharadas de salsa de ostras

2 cucharadas de azúcar

2 cucharadas de sake

1 puerro chino o 1 manojo de cebollinos (véase nota), partes tiernas blancas y verdes, cortadas en diagonal en trozos pequeños (opcional)

1 zanahoria, pelada y cortada en trozos pequeños (opcional)

1 cucharada de cilantro picado (opcional)

arroz blanco o integral cocido, como acompañamiento

Vierte las 2 cucharaditas de salsa de soja en un recipiente poco profundo. Con un cuchillo, perfora la piel de las alitas en distintos puntos y pásalas por la salsa de soja para darles sabor.

En una olla grande, calienta el aceite de sésamo a fuego medio. Echa el jengibre y el ajo y saltéalos 2 minutos, hasta que empiecen a desprender olor. Añade las alitas de pollo, por tandas si es necesario, y saltéalas de 2 a 3 minutos por cada lado, hasta que se doren.

Entretanto, en un bol, mezcla el agua, el vinagre negro, la salsa de ostras, las 2 cucharadas de salsa de soja, el azúcar y el sake. Vierte la mezcla sobre las alitas de pollo y lleva la salsa a ebullición. Echa el puerro y la zanahoria, baja el fuego a medio-bajo y cocínalo a fuego lento, tapado, durante 20 minutos.

Espolvorea el cilantro sobre las alitas y sirve bien caliente con arroz.

Nota: si usas cebollino en vez de puerro chino, échalo al guiso en los últimos minutos de cocción.

Descubre la alegría de la fermentación

Hace poco empecé a hacer mis propios fermentados, como el miso y el *amazake*. En el sabor no solo influye el tipo de arroz, las habas de soja y el arroz *koji* que se usa, sino también las manos del cocinero. La piel de nuestras manos está habitada por bacterias beneficiosas que pueden ser más ácidas o más alcalinas, según la persona, y esa es la razón de que el miso amasado a mano tenga un sabor distinto —a veces más suave, a veces más fuerte— según quién lo prepare, lo que refleja las particularidades del cocinero. Esta es una de las alegrías de hacer tus propios fermentados.

En nuestro organismo también viven innumerables bacterias que mantienen nuestro sistema inmunitario en equilibrio y reparan los desajustes cuando estamos enfermos o agotados. Los aminoácidos y las vitaminas de los alimentos fermentados contribuyen a activar esas bacterias beneficiosas.

¿Por qué no dedicas tiempo a valorar la relación que mantienes con tu flora intestinal preparando o comiendo alimentos fermentados? Cuando pienses en ella con gratitud, valorarás aún más tu cuerpo.

Amazake asombroso

PARA DE 8 A 10 PERSONAS

El *amazake* es una bebida fermentada tradicional de Japón que se elabora con arroz *koji*. Es un tanto dulce y tiene poco alcohol. Es importante mantenerlo a la temperatura adecuada para que fermente. Si la mezcla está demasiado caliente o demasiado fría, el arroz no fermentará, así que presta especial atención a ese paso de la receta —una olla a presión eléctrica o una olla arrocera servirán— y asegúrate de tener un termómetro a mano para que te ayude a mantener la temperatura.

8 tazas de agua

2 tazas de arroz blanco o glutinoso al estilo japonés, escurrido

2 tazas de arroz *koji* deshidratado

En una olla mediana con tapa lleva el agua a ebullición a fuego fuerte. Echa el arroz, baja el fuego y cuécelo a fuego lento, tapado, 15 minutos, hasta que esté blando y cocido por igual. Como alternativa, si tienes una arrocera, usa la función *okayu* (papilla).

Enfría la papilla de arroz a una temperatura de entre 55 °C y 60 °C y añade el arroz *koji* (es clave que mantengas ese intervalo de temperatura).

Pon la mezcla en una olla a presión eléctrica a fuego lento o en una arrocera programada para calentar, y ferméntala durante 8 horas, sin tapar, hasta que el *amazake* adquiera un sabor dulce y parezca papilla de arroz. Durante la fermentación, mézclala y comprueba la temperatura cada 2 horas. Sin dejar de remover, baja el fuego si sube demasiado y tapa la olla con un trapo húmedo para evitar que el agua se evapore.

Sirve tibio o frío en una tacita. El *amazake* se volverá ácido si continúa fermentando, de manera que lleva a hervir el que haya sobrado para detener el proceso de fermentación y guárdalo en un recipiente hermético en la nevera hasta un máximo de 10 días.

Lecciones de mi abuelo

Mi abuelo, que era acupuntor, trató a luchadores de sumo y los ayudó a prevenir lesiones y a recuperarse de ellas. Además apareció en programas de televisión para hablar de los beneficios que tenía para la salud aplicar presión en determinados puntos de las orejas y las plantas de los pies. Como cabía esperar, mi madre también era una apasionada del bienestar y una ferviente seguidora de las últimas tendencias en este tema promocionadas por libros y en televisión. Como crecí observándolos, era inevitable que me influyeran.

Mi madre me ponía una pinza de ropa en la oreja y decía: «Si estimulas este punto de presión, te mantendrá despierta y te mejorará el cutis». Yo la escuchaba fascinada. Cuando estaba en secundaria, hacerse un vendaje en el arco del pie cerca de los dedos era la última moda en salud, y me afané en probarlo. No sé si me dio resultado, pero ahora me doy cuenta de que esa práctica habría estimulado los puntos de presión de la planta del pie, lo que mejora la circulación.

Mi madre y mi abuelo también me enseñaron mucho sobre alimentos saludables y cocinar sano. Ella elaboraba kéfir y hervía las sobras de las verduras y las colaba para preparar un caldo muy claro. Aunque era muy soso y nada agradable, me sentía un poco más sana cuando lo bebía.

La digitopuntura y el caldo de verduras mejoran la circulación de los fluidos corporales, lo que contribuye al buen funcionamiento del intestino. Para prevenir el estreñimiento, me aseguro de comer suficiente fibra y alimentos fermentados, además de beber mucho líquido. Cuando el intestino funciona como debe, mejora la circulación de los fluidos por el cuerpo.

Un efecto curioso de ordenar que refieren muchos clientes es que, una vez que han vaciado su hogar de todos los objetos que no les generan alegría, su cuerpo vacía el intestino de forma espontánea. No hay una base científica que relacione ambas cosas, y podría deberse a algún otro factor, como la exposición al polvo, pero es un fenómeno que me mencionan mucho. Nuestras mentes y cuerpos están conectados, así que, mientras ordenas, imagina que también depuras tu sistema digestivo. Quizá descubras que la circulación te mejora y la tez se te ilumina.

Disfruta de un estilo de vida poco práctico

En mi profesión veo todas las novedades en artículos para el hogar supuestamente prácticos: tapas de silicona reutilizables para sustituir el papel film, pinzas para cerrar bolsas de alimentos que se han abierto, bolas de lavado para la lavadora que eliminan la necesidad de utilizar detergente, moldes para preparar patatas fritas, etcétera. Aunque algunos se perfeccionan hasta que forman parte de todos los hogares, centenares de ellos desaparecen tan rápido como surgen porque son menos prácticos de lo que parece.

Es curioso: en los últimos años, cada vez tengo más clientes que parecen buscar lo opuesto a la comodidad y elaboran conservas y encurtidos, incluso el miso. Comer alimentos fermentados se ha convertido en otro *boom* de la salud después de ser redescubierto como una manera de restablecer nuestro equilibrio intestinal. Motivada por ellos, empecé a preparar mi propio miso (véase página 126). Lleva tiempo, pero la expectación que siento mientras espero a que fermente siempre me estimula.

La disposición a complicarse la vida no se limita a la fermentación. Tengo clientes que me ofrecen tocino curado en casa o zanahorias de cosecha propia. Tampoco se restringe a la comida. Algunas de mis clientas han empezado a usar compresas de tela, mientras que otras han vuelto a coser.

Parece que a medida que mis clientes avanzan en su proceso de organización, el número de quienes eligen un estilo de vida menos cómodo aumenta en proporción inversa a la reducción de artículos «prácticos» que no lo son tanto. ¡Y se lo pasan bien!

La razón está clara. Cuando acabas de ordenar, dispones de más tiempo. De hecho, el mayor cambio que se produce al término de un festival de organización es cómo aprovecha el tiempo la gente. No solo tardan menos en pasar el aspirador o decidir qué ponerse, sino que también tardan menos en buscar las cosas y tomar decisiones. El tiempo que antes dedicaban a esas tareas nada alegres ahora lo tienen libre. Poner nuestro hogar en orden parece animarnos a querer vivir más centrados en el presente.

Tiempo atrás visité a un matrimonio que había terminado su festival de organización hacía años. Después de ordenar, se fueron de Tokio para criar a su hija en el campo y probar con la agricultura. «Aunque ya no tenemos televisión y hemos renunciado a muchas cosas, nuestra vida es más satisfactoria», me dijeron. Se detuvieron para mirar a su hija de cuatro años, que estaba arrancando felizmente malas hierbas del huerto. «De hecho —observó uno de ellos—, este podría ser el entorno ideal para enseñarle a ser "sabia" en el verdadero sentido de la palabra. No tenerlo todo enseña paciencia. Estimula la mente y nos recuerda que debemos sentirnos agradecidos por las pequeñas cosas».

Evádete mentalmente a través de la relajación y la meditación

Aunque cada mañana, tarde y noche encuentro tiempo para relajarme, ahora que tengo hijos pequeños me cuesta reservar un ratito para meditar. Cuando estaba sola, podía programarme sesiones de meditación, pero ahora la practico mientras hago otras cosas.

Puede ser durante un paseo, en estiramientos antes de acostarme, cuando limpio o al cocinar. Se puede meditar haciendo todas estas actividades. Soy capaz de despejar la mente mientras realizo cualquier acción sencilla y repetitiva, como cortar verduras para una menestra. Lo único que necesito es centrarme en la tarea que tengo entre manos. Cuando me surgen pensamientos o sentimientos, los dejo pasar sin aferrarme a ellos.

Los sacerdotes budistas japoneses consideran las tareas del templo, como la limpieza, una forma de práctica meditativa. Son las que pueden desempeñarse sin pensar. Si nos centramos en los movimientos, podremos vaciar la mente de pensamientos molestos.

Incluye en tu rutina cotidiana momentos que te permitan despejar la mente, y ve aumentando el tiempo diario que dedicas a meditar.

Espera tu ritual nocturno con ilusión

Cuando iba a la universidad, siempre probaba la última tendencia para dormir mejor. Las revistas recomendaban prácticas como los masajes faciales, los estiramientos o el yoga antes de acostarse, y yo seguía todos sus consejos religiosamente, sin fallar ni un día. Ya era perfeccionista incluso entonces. Si iba a probar algo, tenía que hacerlo «rápido, a fondo, de un tirón». Pero cuando me licencié y empecé a trabajar para una empresa, estaba tan ocupada que comencé a flojear. A menudo me quedaba dormida maquillada, o peor aún, en el suelo o con la cara sobre el teclado del ordenador.

A base de ir probando, poco a poco he encontrado una rutina ideal para la hora de acostarme que encaja con mi vida. Ahora que estoy casada y tengo hijos, es más o menos esta: después de cenar en familia, acuesto a los niños a las siete y media de la tarde y les leo un cuento. Mi marido suele irse a la cama a la misma hora. Como gran parte de su trabajo consiste en hablar con gente de Japón, a menudo tiene que levantarse antes de las cuatro de la madrugada. Cuando el resto duerme, llega mi momento de relax. Ordeno la cocina, preparo la comida para el día siguiente, reviso el correo y me organizo la agenda. Después me preparo una taza de té y reflexiono sobre la jornada. Cuando percibo algo que debería agradecer o me gustaría hacer de otro modo o mejorar, lo anoto en mi cuaderno.

Como soy madrugadora, no tengo una rutina fija a la hora de acostarme. Puedo poner el difusor de aceites esenciales y aplicarme algunos productos para el cuidado de la piel. A veces hago estiramientos para aflojar el cuerpo. Mi objetivo es relajarme para dormir bien, y lo que necesite variará según el día.

Más que seguir un ritual fijo, presto atención a lo que no debo hacer. Por ejemplo, evito todo lo que estimula el sistema nervioso autónomo, como las bebidas frías o navegar por internet.

Si me sobra tiempo, me doy un baño. En Japón, las bañeras son hondas, y solemos bañarnos una vez al día. Es una manera eficaz de calentar el cuerpo para que se relaje. Como las casas japonesas suelen ser demasiado pequeñas para tener intimidad, la hora del baño es una ocasión única para estar a solas, lo que aún la hace más especial. El mero hecho de tomarte tu tiempo para disfrutarlo, y añadir tus sales de baño favoritas o encender velas puede quitarte el cansancio y ayudarte a dormir. Si eres de los que se bañan por la mañana, te brinda la oportunidad de limpiar el cuerpo y la mente para empezar el día renovado.

Las costumbres y usos varían de una región y país a otro. En algunos lugares, el agua es escasa y cara, y sus habitantes ahorran toda la que pueden. Desde que me mudé a Estados Unidos, ya no me baño todos los días, sino que me ducho o meto los pies en agua. Poder modificar estos elementos que te generan alegría para adaptarlos a tu lugar de residencia es uno de los encantos de experimentar otros estilos de vida.

Tanto si prefieres bañarte como ducharte, el propósito es el mismo: la limpieza. En Japón, limpiar el cuerpo se considera un acto de purificación que no solo elimina la suciedad física, sino también todos los pensamientos negativos y sentimientos reprimidos durante el día. Al margen de la forma que adopte, es una costumbre que valoro.

Un buen ritual nocturno puede hacer que al despertar nos sintamos renovados, como si renaciéramos. Nuestro centro parecerá haberse recolocado —como ocurre con los objetos al guardarlos donde les corresponde—. Es como si nos hubieran ordenado la mente mientras dormíamos. Quizá tengamos un momento de inspiración que resuelva un molesto problema o nos ayude a darnos cuenta de que nos estamos preocupando en balde. En mi caso, la aromaterapia, el yoga y un baño antes de acostarme tienen ese mismo efecto revitalizante.

Cuando nos despertamos con el corazón y la mente renovados, es más fácil decidir qué haremos durante la jornada para tener un día perfecto. En ese sentido, la hora de acostarse puede ser el momento más importante del día para conseguir nuestro estilo de vida ideal.

Lleva solo pijamas de algodón o seda

Cuando ordenamos y solo nos quedamos con aquello que nos encanta, nuestra sensibilidad a la alegría aumenta de manera espectacular. Me refiero a que desarrollamos los cinco sentidos. Ordenar de este modo nos hace más conscientes de lo que nos gusta desde el punto de vista del gusto, el olfato, el tacto, la vista y el oído. Preguntarnos a menudo si algo nos genera alegría agudiza estas facultades humanas innatas.

De los cinco sentidos, el olfato y el tacto son los que más evolucionan. Por supuesto, el proceso de organización también desarrolla el sentido de la vista. Por lo pronto, reduce de manera drástica el volumen de objetos que atestan nuestro campo visual, lo que nos permite identificar los que no necesitamos. Cuando pensamos en cómo guardarlos para regalarnos la vista, refinamos nuestra apreciación de la belleza. No obstante, el sentido de la vista ya está desarrollado porque es el que más utilizamos para tomar decisiones. Por ese motivo, el mayor salto se da en el desarrollo de los sentidos del olfato y del tacto.

Lo que me lleva al tema principal. La razón por la que creo que ordenar desarrolla sobre todo estos dos sentidos es que he observado que mis clientes, una vez terminan, se vuelven muy exigentes con los materiales. Por ejemplo, se reduce la cantidad de ropa de tejidos sintéticos en su armario y empiezan a preferir las bolsas de tela a las de plástico. Cuanto mayor es su sensibilidad a la alegría, más se decantan por cosas que son una caricia para la piel (el sentido del tacto) y que crean una atmósfera agradable (el sentido del olfato).

Con la palabra «atmósfera» no solo me refiero a aromas como el incienso. El sentido del olfato percibe algo más importante: las esencias que determinan el ambiente de la casa. Por ejemplo, los objetos de madera desprenden paz y tranquilidad; el acero, una solemne frialdad; y el plástico, un bullicio atronador. La naturaleza del aire que impregna tu casa viene determinada por los materiales que hay en ella. Y el sentido del olfato tiene más sensibilidad a los cambios que puedan producirse.

Por eso soy muy especial para los pijamas. Insisto en que sean de seda o algodón al cien por cien. Como la seda es muy difícil de conseguir, la mayoría de mis pijamas son de algodón. Casi siempre llevo pijamas de un suave algodón orgánico que es más delicado tanto con el medioambiente como con la piel.

El único momento en el que podemos evadirnos de nuestros pensamientos y relajarnos del todo es mientras dormimos. Si queremos estar cómodos, la mejor manera es invertir en las horas que pasamos dormidos. En mi caso, las inspiraciones y las soluciones a los problemas suelen llegarme en cuanto despierto por la mañana. Puede que gozar de un sueño profundo y renovador agudice el sexto sentido, que trasciende a los otros cinco.

Antes de acostarte, hojea un álbum de recortes que te den alegría

De pequeña soñaba con acurrucarme en la cama con uno de mis álbumes de fotos favoritos o con un bonito catálogo de arte. Me imaginaba mirando las páginas y tomándome una infusión a sorbitos hasta que me quedaba dormida. Puede que aquella imagen estuviera influida por la escena de alguna película o revista. Para hacer realidad aquel sueño debía encontrar un libro con ilustraciones o fotografías bonitas, lo que, de hecho, me costó mucho. Lo busqué por todas partes: miré revistas de decoración de interiores en la biblioteca y compré libros de fotografía de otros países.

Al final, en una exposición me topé con un catálogo de platos utilizados por la reina Victoria. Al pasar las páginas, sus preciosas fotografías me cautivaron: platos con exquisitos motivos florales, una tetera con el pomo de la tapa en forma de pájaro y tazas de té con elegantes motivos azules. Como había visto la exposición, podía imaginar los platos cada vez que pasaba las páginas y volvía a quedarme fascinada.

No obstante, había un problema. Los catálogos de arte son grandes y difíciles de manejar, y pesan más que un diccionario. Si lo tenía en el regazo tumbada en la cama, a los pocos minutos me dolía el plexo solar. Era imposible quedarme dormida mientras lo leía. Y si lo dejaba abierto en la cama y me ponía boca abajo, podía derramar el té. ¿Qué opción me quedaba?

Cuando me fijé, me di cuenta de que más de la mitad de sus casi doscientas páginas estaban dedicadas a explicaciones, y la mitad de ellas eran en inglés, un idioma que en esa época no entendía. De hecho, la cantidad de páginas que me daban alegría era muy limitada. Solo había cinco o seis fotografías que me fascinaran. Así pues, recorté las que me alegraban y las pegué en un álbum marrón chocolate de estilo antiguo que me gustaba mucho. El resultado superó mis expectativas.

Desde entonces, sigo recortando ilustraciones o fotografías que me gustan de otros libros para pegarlas en mi álbum de recortes. Elijo solo las que me ofrecen verdadera alegría. Por ejemplo, si me encantan los zapatos que lleva una modelo en una fotografía, solo recorto el calzado. Por supuesto, si el libro está en buen estado y puede venderse o donarse, no hay necesidad de meter la tijera. En vez de eso, haz fotocopias en color de las fotografías que te gusten. La clave es no quedarte con lo que no te da alegría. Pero asegúrate de que no se te escape ninguna fotografía que te genere alegría antes de despedirte del libro. Y si te la da todo el libro, ¡deberías quedártelo!

Si una fotografía me llama la atención mientras leo una revista en la peluquería, anoto el nombre y el número, y la compro. De diez revistas, tengo suerte si encuentro una fotografía que me capta de ese modo. Y eso demuestra lo insólitos y valiosos que son estos encuentros. Por experiencia, cuando reconocemos y valoramos las pequeñas alegrías de la vida, es más probable que encontremos las grandes.

Por cierto, mi álbum de recortes está organizado por colores. Cuando necesito animarme, lo abro por la página del color naranja. Si quiero relajarme, miro la colección de artículos verdes. También tengo una página dedicada a pasteles y postres japoneses a la que voy cuando se me antoja algo dulce (¡quizá es la que más miro!). Cuando una fotografía deja de darme alegría, no dudo en arrancarla y pegar otra que me la aporte.

Gracias a mi álbum de recortes que dan alegría he hecho realidad mi sueño infantil de acurrucarme en la cama con una infusión y un libro de preciosas ilustraciones. Si te atrae esta idea, piensa en crear tu colección especial e intenta encontrar imágenes que te generen alegría.

La magia transformadora de practicar la gratitud a diario

Cada noche antes de irme a dormir, rezo. Quizá «rezar» sea un término demasiado formal. Solo expreso gratitud mentalmente. Cuando empecé, imaginaba que hablaba con Dios o con los espíritus de mis antepasados, pero con el tiempo empezaron a venirme a la cabeza imágenes de objetos concretos y de personas conocidas.

Ahora empiezo dando las gracias a mi pijama, y amplío el agradecimiento a la cama, al dormitorio, a mi casa y a todo lo que me rodea. Después, a mi marido, a mis hijos, a mis padres, a mis hermanos, a mis abuelos maternos y paternos, a sus padres y, más allá de ellos, a los antepasados que ni conozco, ramas del árbol genealógico cada vez más alejadas de mí. Al dar las gracias así, me inunda la gratitud. Me siento agradecida por estar ahí en ese momento y formar parte de algo más grande que me sustenta y protege. Siento el cuerpo más ligero y me quedo dormida.

Incorporar la práctica de la gratitud a tu rutina nocturna —ya sea llevando un diario o centrando la mente mientras estás en la cama— puede reducir el peso de tus problemas. Recordar todo lo que agradeces te ayuda a ver la vida con cierta perspectiva y desarrolla una sensación de alegría y aprecio por todo lo que tienes.

Aprende a aceptar los regalos con amabilidad

Las personas que siempre saben qué regalar son estupendas, ¿verdad? Yo soy todo lo contrario. Incluso pasé por una fase en la que dejé de hacer regalos. Celebraba las ocasiones especiales enviando una felicitación, y cuando regalaba algo me limitaba a cosas efímeras, las flores o la comida. Me preocupaba que si era algo duradero, pudiera resultar una carga para el destinatario, y pensar que algún día lo tiraría me entristecía.

Puede que aquella «fobia a hacer regalos» proviniera de ver cuánto les costaba a mis clientes deshacerse de aquellos que no les generaban alegría y de presenciar las desagradables discusiones que surgían siempre que alguien cometía el pecado capital de tirar un regalo delante de su autor.

Por supuesto, evitaba acumular objetos innecesarios y rehusaba amablemente cuando mis clientes me invitaban a coger lo que quisiera de aquello que habían decidido no conservar.

Mi exsecretaria, Kaori, se parece a mí. Se le da bien ordenar y evita acumular objetos superfluos. Así que, para su cumpleaños, siempre le preguntaba qué quería o le regalaba algo práctico, como los cupones para comprar arroz que tenemos en Japón. Sin embargo, la dinámica cambió cuando se prometió. Yo quería hacer algo distinto con motivo de su matrimonio y me decidí por un regalo hecho a mano, que acostumbran a encabezar la lista de regalos inoportunos. Para asegurarme de que fuera acertado, consulté con sus compañeros de trabajo y, entre todos, decidimos regalarle una manopla de cocina en forma de corazón. Cada uno se encargó de una tarea —como comprar la tela, cortar el patrón y montar la manopla, bordarla y adornarla con cuentas— y, cuando uno terminaba, se la pasaba al siguiente. Yo me encargué de bordarla y, para mi sorpresa, lo disfruté tanto que me enfrasqué por completo en la labor.

Mientras la aguja entraba y salía de la tela bordando las palabras favoritas de Kaori, me di cuenta de que ordenar me había creado un sentimiento de culpa por adquirir más bienes. Asimismo, cuando se trataba de hacer un regalo especial a una persona, me preocupaba causarle molestias en vez de centrarme en mi deseo de hacerla feliz.

Mi tabú sobre hacer regalos desapareció al ver la radiante cara de Kaori; ahora hago más que antes. De hecho, regalar es fabuloso. Curiosamente, también empezaron a hacerme más regalos a mí, lo que también es maravilloso. Algunos me toman el pelo diciéndome: «Seguro que cuando alguien te hace un regalo le das las gracias por la alegría de recibirlo y después lo tiras». Pero no es cierto. Quizá como ya me he desprendido de mucho en la vida, me gusta dar un buen uso a los regalos que me hacen.

De inmediato busco el sitio perfecto para los adornos que me regalan. Alguien me hizo un retrato y lo colgué en la pared al instante; si me regalan té o dulces, los comparto con mis compañeros de trabajo enseguida. Si me encuentro con un regalo sin abrir en casa de un cliente, le pongo como deberes que lo utilice para nuestra próxima clase. Una de mis clientas estrenaba platos cada vez que la visitaba, lo que convertía las clases en elegantes meriendas.

Solo hay una regla para hacer un uso eficaz de los regalos: desenvuélvelos, sácalos de la caja y empieza a utilizarlos en cuanto los recibas.

A veces me preguntan qué deberíamos hacer si nos regalan algo que no nos da alegría. Pero, por raro que parezca, todos los regalos que nos hacen después de terminar nuestro festival de organización parecen darnos alegría; son muy pocos los que no nos la generan. Si te hacen un regalo que al principio no te convence, prueba a usarlo. «Obligarte» a utilizarlo puede resultarte raro, pero ordenar te ha dado una idea más clara de lo que posees y de lo que te gusta. Ahora tienes espacio emocional para probar algo nuevo y disfrutar de otras cosas.

No hay ninguna regla que diga que tienes que usar un regalo durante el resto de tu vida, así que si después de un tiempo ha cumplido su función, puedes desprenderte de él. Para entonces, deberías ser capaz de hacerlo sin culpa y con sincera gratitud.

A decir verdad, he adquirido este grado de flexibilidad hace poco. Ordenar desarrolla la capacidad de seleccionar qué queremos conservar. Quizá por eso no prestaba atención a mi facultad para aceptar regalos. Aprender a aceptar con amabilidad la bondad de los demás me ha hecho la vida más fácil.

Puede parecer una exageración, pero creo que dar un buen uso a los regalos me ayuda a aprovechar las oportunidades que se me presentan, como si me abriera a la buena fortuna. Es un desperdicio no utilizar un regalo que alguien se ha tomado la molestia de hacernos. Nuestros encuentros con los objetos siempre tienen un significado. Dar un uso a los regalos puede llevarnos a sentir una alegría inesperada.

CONCLUSIÓN

Lleva una vida feliz con lo que tienes.

La noción de K del estilo de vida ideal era tener un hogar en el que pudiera disfrutar organizando comidas con amigos y familiares. Estoy segura de que muchos de nosotros abrigamos el mismo sueño.

«Conozco gente que invita a sus amigos a casa —me dijo—, pero yo no he podido hacerlo nunca, aunque me encantaría. Antes tengo que ordenar». Avanzó rápido. Cuando acabó con los papeles, paramos a descansar y sacó unos bollos que había comprado en una panadería cercana. Durante mis clases de organización, a menudo me empleo a fondo sin descansar, de manera que agradezco a mis clientes que me ofrezcan algo de comer. Sin embargo, en una ocasión K dejó los bollos en la mesa de cualquier manera, envueltos, junto con unas bebidas en botellas de plástico. «Aquí tienes —dijo—. Coge lo que quieras». Me pareció una falta de respeto con aquellos bollos tan ricos y un desperdicio del tiempo de descanso para comérnoslos.

«Aún no hemos ordenado la cocina —pensé—. Aun así, debe de tener algún plato que le dé alegría». Con su permiso abrí el armario, ¡y vi un asombroso repertorio de bonitas vajillas! Saqué dos platos preciosos con motivos florales que estaban apilados al fondo del armario y que parecían gritar: «¡Úsame! ¡Úsame!». Calenté los bollos en el horno y los puse en los platos. Después serví el té embotellado en unos bonitos vasos de Edo-Kiriko que K ni siquiera había sacado de la caja de madera de paulownia. ¿El resultado? En solo unos minutos nuestra pausa se transformó en un elegante aperitivo.

Lo que intento decir es que en este momento podemos hacer realidad muchos ideales de nuestro estilo de vida al utilizar lo que tenemos a mano. ¿Crees que solo las personas que tienen platos bonitos y la cocina ordenada pueden gozar de un bello estilo de vida? No es cierto. Con un poco de ingenio, creatividad y ganas de jugar, cualquiera puede alegrarse la vida con lo que tiene. Hay muchas maneras de hacerlo.

Una es celebrar las fiestas del año. De niña, a mi madre le encantaban las celebraciones de todo tipo; nunca había un mes en el que no encontrara algo que celebrar. Eso no solo incluía fiestas tradicionales japonesas como el Tanabata, la fiesta de las estrellas, sino también de otras culturas, como Halloween. Pero en vez de vaciar calabazas dibujábamos caras con rotulador en las mandarinas, más fáciles de encontrar en Japón que las grandes calabazas naranjas, y colocábamos una en cada habitación. En diciembre poníamos un arbolito de Navidad en el salón y lo decorábamos. Los pavos también son difíciles de conseguir allí, así que en Nochebuena mi madre compraba un pollo asado en el supermercado local y le ataba bonitos lazos en las patas.

Cuando quiero una decoración que refleje las estaciones del año, a menudo cuelgo *tenugui*, unos bonitos pañuelos estampados tradicionales de Japón, en las paredes de mi hogar. En vez de decorar toda la casa, solo cuelgo uno o dos en lugares estratégicos, como el comedor, para que la familia los disfrute cuando nos reunimos a comer, o el salón. Aunque solo los pego a la pared con cinta adhesiva, estos pañuelos cambian el ambiente como si hubiera renovado el papel pintado. Cuando sustituyo un *tenugui* por otro para representar la siguiente estación, me acuerdo de mis seres queridos y de todo lo que hemos hecho juntos. Aunque solo son sencillos recuerdos de una familia normal y corriente, para mí no tienen precio.

Cuando ordenamos nuestro hogar, nos cambia la vida. Para muchos, ese cambio es espectacular. Pero aunque no lo sea, es maravilloso aprender a gozar de todos los momentos de la vida.

Espero que, gracias a la magia del orden, tu vida y tu hogar te generen alegría todos los días.

EPÍLOGO

Mientras escribía este libro dimos la bienvenida a la familia a nuestro tercer hijo. Es mi primer varón, y criarlo ha comportado nuevas sorpresas y desafíos. Ser uno más en la familia ha provocado cambios importantes en mi horario, y ahora estoy mucho más ocupada que antes. Hemos adquirido algunos objetos más, la distribución de nuestra casa ha cambiado y la manera en la que aprovechamos el tiempo también es un poco distinta.

Estoy segura de que, con cada nueva etapa vital —cuando los niños crezcan y pasen de curso, nos mudemos o cambiemos de trabajo—, el *kurashi* (o estilo de vida) ideal, las prioridades y el concepto de cómo aprovechar el tiempo para que me dé alegría también cambiarán. El estilo de vida que he descrito aquí refleja lo que me genera alegría en esta etapa de mi vida.

La gente me dice a veces que lo que antes le generaba alegría ha dejado de hacerlo. Es natural que cambiemos. Lo importante es el proceso de analizar qué te alegra cada vez que cambia. Mantente en contacto con la sensación de alegría en cada momento de tu vida y disfruta de cada día que pasas con tus seres queridos. Me haría muy feliz que este libro te ayudara a conseguirlo.

Con alegría y gratitud,

Marie Kondo

FICHAS DE TU ESTILO DE VIDA IDEAL

La reflexión personal es una parte básica del proceso de organización. Ordenar te ayuda a descubrir qué es importante para ti y qué valoras en la vida, y saberlo te evita recaer en el desorden. Las siguientes páginas te ayudarán a reflexionar y a conocerte mientras llevas a cabo tu festival de organización.

Coge tu cuaderno favorito y empieza a anotar ideas sobre «tu estilo de vida ideal», aquello de lo que te das cuenta mientras ordenas y los cambios que experimentas en el proceso. Muchas personas utilizan el ordenador o el móvil, pero te recomiendo que lo escribas a mano. Es más fácil ordenar las ideas y verlo todo claro cuando escribes a mano que si lo haces en un teclado.

Por ejemplo, suelo anotar lo que me da alegría ese día o los pensamientos que se me ocurren. Este hábito me ayuda a identificar las actividades que me generan más alegría y la clase de pertenencias que me llenan.

Ordenar es una gran oportunidad para reflexionar sobre uno mismo y conocerse. Utiliza estas fichas para entrar en contacto con tu yo interior, crear un hogar ordenado y hacer realidad tu estilo de vida ideal. Para facilitarte la tarea, he descrito todos los pasos necesarios en este apartado.

Visualiza tu mañana ideal

Escribe tu horario matutino ideal desde que te levantas hasta que sales de casa o te pones a trabajar. ¿Qué es lo primero que te gustaría hacer? Concreta lo más posible. Visualízate realizando cada actividad, como relajarte con una taza de té o pasando el aspirador. Después imagina qué tienes que hacer y en qué estado ha de estar tu casa para que sea posible. ¡Te darás cuenta de lo importante que es tenerlo todo ordenado!

Ejemplo de horario

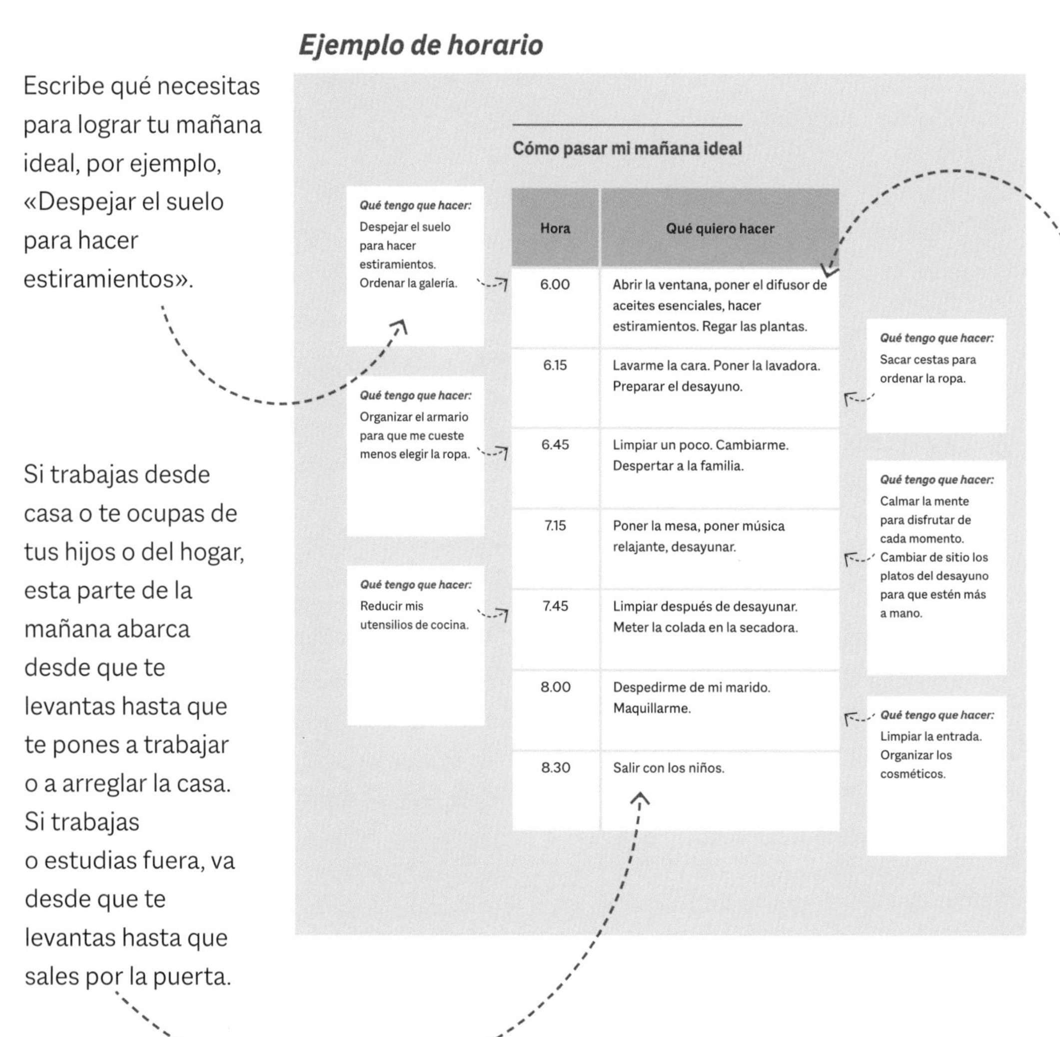

Hora	Qué quiero hacer
6.00	Abrir la ventana, poner el difusor de aceites esenciales, hacer estiramientos. Regar las plantas.
6.15	Lavarme la cara. Poner la lavadora. Preparar el desayuno.
6.45	Limpiar un poco. Cambiarme. Despertar a la familia.
7.15	Poner la mesa, poner música relajante, desayunar.
7.45	Limpiar después de desayunar. Meter la colada en la secadora.
8.00	Despedirme de mi marido. Maquillarme.
8.30	Salir con los niños.

Incluye una actividad que te dé alegría para empezar con buen pie. Concreta lo más posible. Anotar los detalles te permitirá alcanzar tu ideal.

Cómo pasar mi mañana ideal

Hora	Qué quiero hacer

Qué tengo que hacer:

Qué tengo que hacer:

Qué tengo que hacer:

Qué tengo que hacer:

Qué tengo que hacer:

Qué tengo que hacer:

Qué tengo que hacer:

Visualiza tu día ideal

Ahora, elabora un horario para la que crees que sería la mejor forma de pasar el día. Piensa en cómo crear las condiciones que necesitas para hacer realidad tu ideal, como escuchar pódcast para calmar la mente o audiolibros para aprender un idioma o competencia durante el trayecto entre tu casa y el trabajo. Incluye tiempo para cuidarte y dedicarte a tus *hobbies*, andar o hacer ejercicio, ver a amigos, recoger a tus hijos y jugar con ellos, arreglar la casa, comprar y ordenar. Gracias a esto, identificarás qué quieres y qué tienes que hacer, lo que te hará fácil y natural sacar tiempo para generar alegría.

Ejemplo de horario

Visualiza el transcurso de una jornada y escribe qué tiene que estar terminado antes de que salgas de casa o empieces una tarea. Eso te dejará ratos libres durante el día.

Asegúrate de incluir momentos de alegría en tu horario, como estar con la familia, para tener siempre presente la importancia de sacar tiempo para generar alegría.

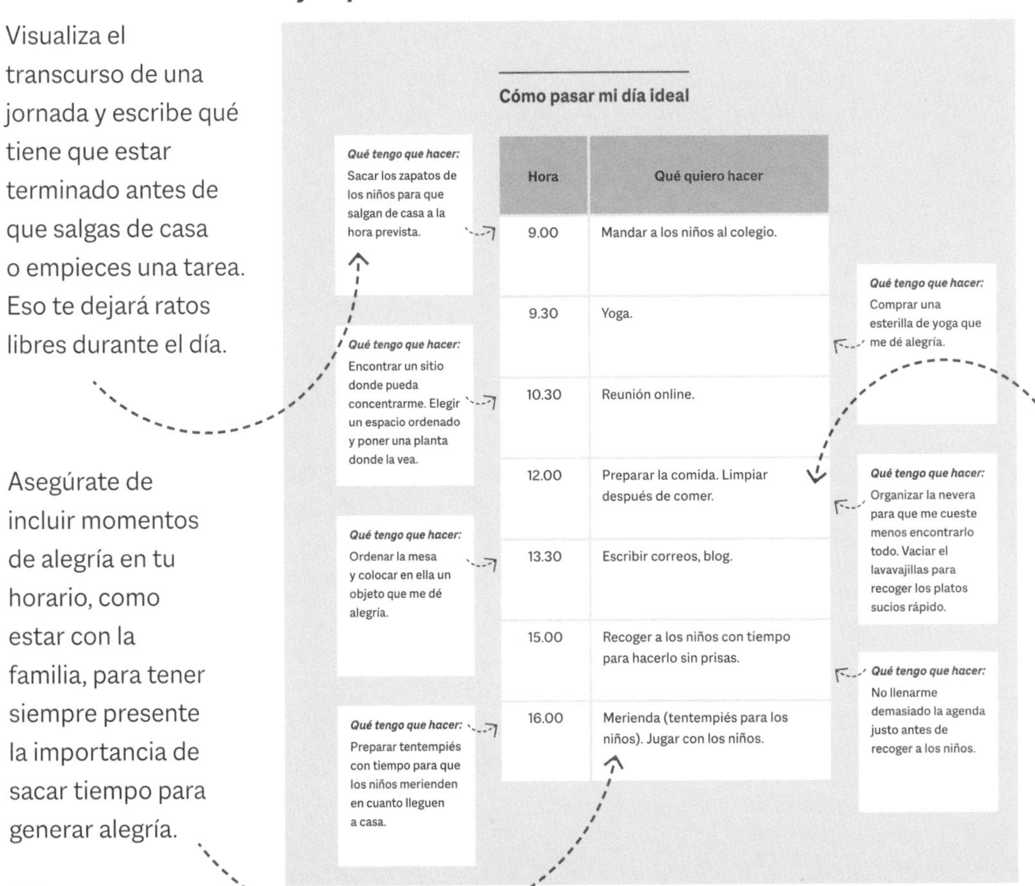

Cómo pasar mi día ideal

Hora	Qué quiero hacer
9.00	Mandar a los niños al colegio.
9.30	Yoga.
10.30	Reunión online.
12.00	Preparar la comida. Limpiar después de comer.
13.30	Escribir correos, blog.
15.00	Recoger a los niños con tiempo para hacerlo sin prisas.
16.00	Merienda (tentempiés para los niños). Jugar con los niños.

Anota detalles, como la hora a la que empezarás a preparar la comida o a limpiar. Eso te ayuda a ver qué tienes que hacer para dedicarte a lo que quieres.

Cómo pasar mi día ideal

Qué tengo que hacer:

Qué tengo que hacer:

Qué tengo que hacer:

Qué tengo que hacer:

Hora	Qué quiero hacer

Qué tengo que hacer:

Qué tengo que hacer:

Qué tengo que hacer:

Visualiza tu noche ideal

Piensa en tu manera ideal de ocupar el tiempo desde que llegas a casa después de trabajar, estudiar o hacer recados hasta el momento de acostarte. Cómo pases esta parte del día influirá en la calidad de tu sueño y en cómo te sentirás cuando te despiertes a la mañana siguiente. Por eso deberíamos preguntarnos cómo podemos evitar la sobreestimulación y organizar nuestro hogar para que podamos relajarnos de forma óptima, creando tanto el tiempo como el espacio necesarios para desconectar.

Ejemplo de horario

Imagina qué entorno necesitas para tener sensación de paz y tranquilidad. Eso te ayudará a identificar qué debes hacer para lograr tu noche ideal, como «tener la mesa ordenada».

Justo antes de acostarte, céntrate en la gratitud que sientes por tu familia y por todas las personas que te rodean, así como por el día que termina. Eso te serenará el corazón y la mente y te despertarás con la sensación de haberte renovado.

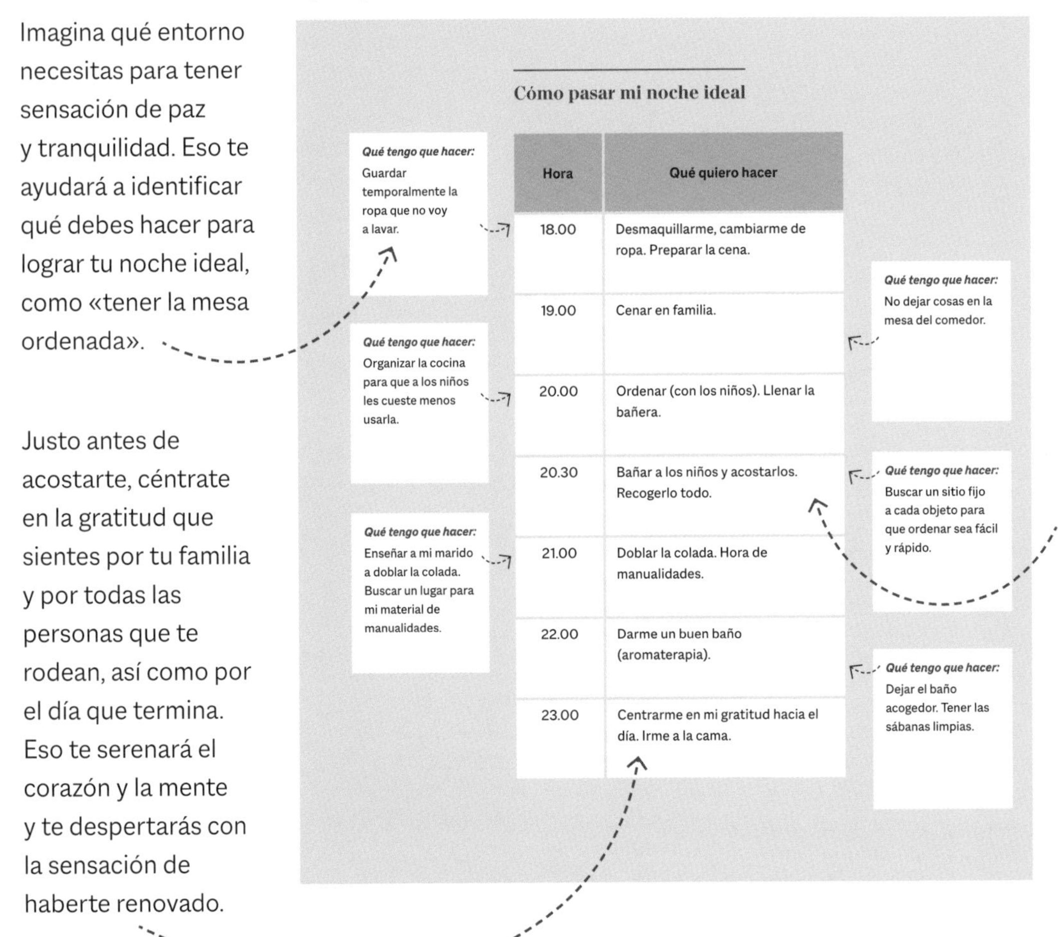

Cómo pasar mi noche ideal

Hora	Qué quiero hacer
18.00	Desmaquillarme, cambiarme de ropa. Preparar la cena.
19.00	Cenar en familia.
20.00	Ordenar (con los niños). Llenar la bañera.
20.30	Bañar a los niños y acostarlos. Recogerlo todo.
21.00	Doblar la colada. Hora de manualidades.
22.00	Darme un buen baño (aromaterapia).
23.00	Centrarme en mi gratitud hacia el día. Irme a la cama.

Imagina qué quieres hacer desde que llegas a casa hasta que te acuestas, a fin de prepararte para el día siguiente y asegurarte de descansar por la noche. No te llenes demasiado el tiempo.

Cómo pasar mi noche ideal

Hora	Qué quiero hacer

Qué tengo que hacer:

Qué tengo que hacer:

Qué tengo que hacer:

Qué tengo que hacer:

Qué tengo que hacer:

Qué tengo que hacer:

Qué tengo que hacer:

Relajarme durante este rato.

AGRADECIMIENTOS

Me siento inmensamente agradecida a todos los que me han ayudado a escribir este libro, incluida la editora de desarrollo Lisa Westmoreland, que ha participado desde que era un proyecto; la editora Julie Bennett y la directora artística Betsy Stromberg, de Ten Speed Press; mi agente, Neil Gudovitz; Tomoko Ishibashi, por su colaboración editorial en el manuscrito japonés; el equipo de The Outset, por sus bellas fotografías; Leanne Citrone, por tener la amabilidad de permitirnos utilizar su bonita casa para una de las sesiones fotográficas; y Cathy Hirano, por traducir el manuscrito. Muchas gracias también a Kay Amano por su hábil coordinación, infatigable apoyo y entusiasmo.

Por último, mi más sincero agradecimiento a ti, por elegir este libro.

¡Te deseo una vida que te dé alegría a diario!

ÍNDICE ALFABÉTICO

Papel certificado por el Forest Stewardship Council®

Título original: *Marie Kondo's Kurashi at Home: how to organize your space and achieve your ideal life*

Primera edición: enero de 2023

Algunas partes de este libro fueron publicadas originariamente en Japón bajo el título *Mainichi ga tokimeku katazuke no mahō* [Generar alegría todos los días] por Sunmark Shuppan, Tokio, en 2014

© 2022, KonMari Media, Inc.
Derechos de traducción del inglés al español acordados con Marie Kondo/KonMari Media Inc., Gudovitz and Company Literary Agency, NY, USA, e International Editors' Co.
© 2022, Nastassia Brückin, por las fotografías de la autora y de los estilos de vida
© 2022, Tess Comrie, por las fotografías de los bodegones

© 2022, Penguin Random House Grupo Editorial, S. A. U.
Travessera de Gràcia, 47-49. 08021 Barcelona
© 2022, Rosa Pérez Pérez, por la traducción

Publicado en Estados Unidos por Ten Speed Press, sello de Random House y sección de Penguin Random House LLC, Nueva York.
www.tenspeed.com

Ten Speed Press y el pie de imprenta de Ten Speed Press son marcas registradas de Penguin Random House LLC.

Penguin Random House Grupo Editorial apoya la protección del *copyright*.
El *copyright* estimula la creatividad, defiende la diversidad en el ámbito de las ideas y el conocimiento, promueve la libre expresión y favorece una cultura viva. Gracias por comprar una edición autorizada de este libro y por respetar las leyes del *copyright* al no reproducir, escanear ni distribuir ninguna parte de esta obra por ningún medio sin permiso. Al hacerlo está respaldando a los autores y permitiendo que PRHGE continúe publicando libros para todos los lectores.
Diríjase a CEDRO (Centro Español de Derechos Reprográficos, http://www.cedro.org) si necesita fotocopiar o escanear algún fragmento de esta obra.

Printed in Spain – Impreso en España

ISBN: 978-84-03-52351-7
Depósito legal: B-20.232-2022

Compuesto en Mirakel Studio, S. L. U.
Impreso en Gómez Aparicio, S.L.
Casarrubuelos (Madrid)

AG 2 3 5 1 7